やはり義経はチンギス・ハーンだった

フォルモロジーからの再検証

田中英道

東北大学名誉教授

文芸社

はじめに

私は歴史家として、視覚的な形象に着目し、またフランス・イタリアの美術史を専門として、国内外の大学で教鞭《きょうべん》を執ってきました。その中で、日本が多くの美術作品を創造しており、その素晴らしさは考えられている以上のものだと再認識するようになりました。現在では美術史から、さらにその豊穣さを支える文化・歴史を扱うようになり、多くの本を著すようになっています。

まず、私の専門をフランスからイタリアにシフトさせ、レオナルド・ダ・ヴィンチ、ミケランジェロといった巨匠たちに向かいました。彼らは、イタリア・ルネサンスといわれる時代のヨーロッパで、最も美しい豪華な芸術作品を創り出しています。

なぜそのような見事な作品を彼らが生み出すようになったのか。その根源を探ることは、私にとって一つの重要な視点となっています。そしてジョット、シモーネ・マルティーニ、ロレンツェッティの研究に及んだとき、あることに気づいたのです。

すなわち、彼らの基礎には東洋文化の存在があることに気づき始めたのです。イタリア・ルネサンスは、モンゴルの西洋進出の時期から始まったことを認識したということです。

ジョットの描く顔も、マルティーニの描く顔も、みなアジア的でした。そうして彼らはモンゴル人の中に素晴らしい力、すなわち秩序を見たという、意外な事実を見出したのです。

「えっ、あの野蛮だと考えられているモンゴル人に秩序を？」と、皆さんは不思議に思うかもしれません。

今はモンゴル人は目立つ存在ではありません。ロシアと中国の両帝国の間で呻吟しているようにも見えます。

しかし十三世紀には異なっていました。パクス・モンゴリカ（モンゴルの平和）と呼ばれるほどの平和な時代が形成された時代があったのです。

彼らは「絹の道（シルクロード）」に沿って、極東の絹製品をイタリアに運びました。マルコ・ポーロで有名なイタリア商人やユダヤ商人がその絹で、西洋人の目を奪ったのです。

前述の画家たちの描く人物たちは美しい東洋の絹織物を着ています。そして私はジョットの絵の中に、モンゴル文字（パスパ文字）風の文字修飾を発見したのです。このことについては、私の発見として、二〇一八年にローマ大学で学会まで開いてくれました。

それにしても、なぜイタリア画家の絵の中にモンゴル文字模様が？　私は『光は東方より』（河出書房新社）という本を書き、その点を詳しく分析しました。

すると、モンゴル人たちの多くは実は平和の民だったということがわかってきました。彼らは決して北方の西洋人が言うように、暴力で支配しようとする騎馬民族ではなかったのです。東洋「善政」を敷く正義の民だったとイタリア人たちは認識していたのです。

シエナの市庁舎にはロレンツェッティの善政の図が描かれていますが、その兵士たちの顔がみなモンゴロイドの人たちの顔だったことがわかります。

ところで、私の研究の根底にあるのは、歴史は文献の中ではなく、文献が論じない歴史の実態の中にある、という発想です。文献は、何かを書くか書かないか、書くとしたらどう書くか、などに関して、必ず著者による取捨選択が行われ、著者の意図がこめられているからです。

本書のテーマである「源《みなもとの》 義経《よしつね》＝チンギス・ハーン説」も、戦後は文献偏重史観から「妄想史観」と決めつけられ、学問として顧みられることはなくなりました。

この説を世に広めた小谷部《おやべ》全一郎氏の『成吉思汗《ジンギスカン》ハ源義経也《なり》』（冨山房）という本は、大正期末から昭和にかけてベストセラーとなり、一世を風靡《ふうび》しました。ところが今ではこの本のことを知る人は、ほとんどいません。「義経＝チンギス・ハーン説」については、郷土史家が細々と書き継いでいるだけです。

なぜ『成吉思汗ハ源義経也』が知られなくなったかというと、戦後はＧＨＱが課した日本人の「自虐史観」の中で、意図的に忘れ去られたのです。その本に書かれたことの根拠になる資料や文献がないとして「偽史」と決めつけられ、その内容の真実性が顧みられることはなくなったからです。

しかし、当時の絵画史料は決して「偽史」と決めつけられるようなものではなかったことはイタリアの史料からも推測できそうです。

「チンギス・ハーンのような偉い人物が日本から出るわけがない」「日本人にはとてもそんな能力はない」といった先入観が働いたせいもあったでしょう。それだけでなく、源義経がチンギス・ハーンとなってモンゴルに渡って大活躍するという話は、日本人の植民地主義を連想させるので、忌避されたと思われます。

小谷部全一郎の『成吉思汗ハ源義経也』という本を改めて公平な目で読んでみると、素人が書いたものとして一蹴されるほどひどい内容ではありません。小谷部は実際に満州やモンゴルを踏査しており、そこに義経や源氏を思わせる実態を発見しているのですから、妄想だけで書いているとは思えないのです。また本書の第2章で述べるように、作家の仁科東子《にしなはるこ》氏の、「成吉思汗」という名前は「成す吉思《よしも》がな」という静御前《しずかごぜん》の歌による、という説はある意味で決定的なものです。

「義経＝チンギス・ハーン」説はなぜ偽史と決めつけられ、葬り去られたのか。『成吉思汗ハ源義経也』の内容はどうして顧みられなくなったのでしょうか。

本書は「義経＝チンギス・ハーン」説を肖像画の類似から始めて、きちんと検証するとともに、「義経＝チンギス・ハーン」説を改めて実証しようとするものです。

この本ができあがるまでに、多くの方々にお世話になりました。まず、私の講演を聞いて本にする企画を立ててくれた高橋聖貴氏、日本国史学会での発表を聞いて賛同する会を作ってくださった方々──越智達之、日村修、太田豊、石渡秀和、桑田国子氏らの皆さん、日本在住のモンゴル人、リ・ガ・スチント氏。鹿児島での講演に駆けつけてくださった田中良一氏（氏は鹿児島市会議員を長らく務められた方です）や、岩手県で『義経北行伝説』を出版された山崎純醒氏など、各地の研究家に敬意を表します。

歴史上、数多くの「義経＝チンギス・ハーン」説が本に書かれましたが、未だ定説となっていないのは、官学のアカデミズムが、これを学問的に研究してこなかったことが、一つの原因として考えられます。ほとんどの人が、鎌倉幕府がまとめた正史とされる歴史書『吾妻鏡《あづまかがみ》』を信じて、義経の平泉での死を認めてしまったことが原因となっています。

『吾妻鏡』は文献としては限界があります。この本を英訳して世界の通説にしたいというのが、私の願いです。

目次

第４章　大陸に渡ってからの天神《テムジン》＝義経の活躍を追う　93

第5章　義経＝成吉思汗《チンギスハーン》のユーラシア大陸征服はなぜ成功したか　123

カバーデザイン　吉原遠藤（デザイン軒）
編集協力　杜聡一郎
校正　鴎来堂

義経一行の東北〜北海道ルート（佐々木勝三『義経伝説の謎』等をもとに作成）

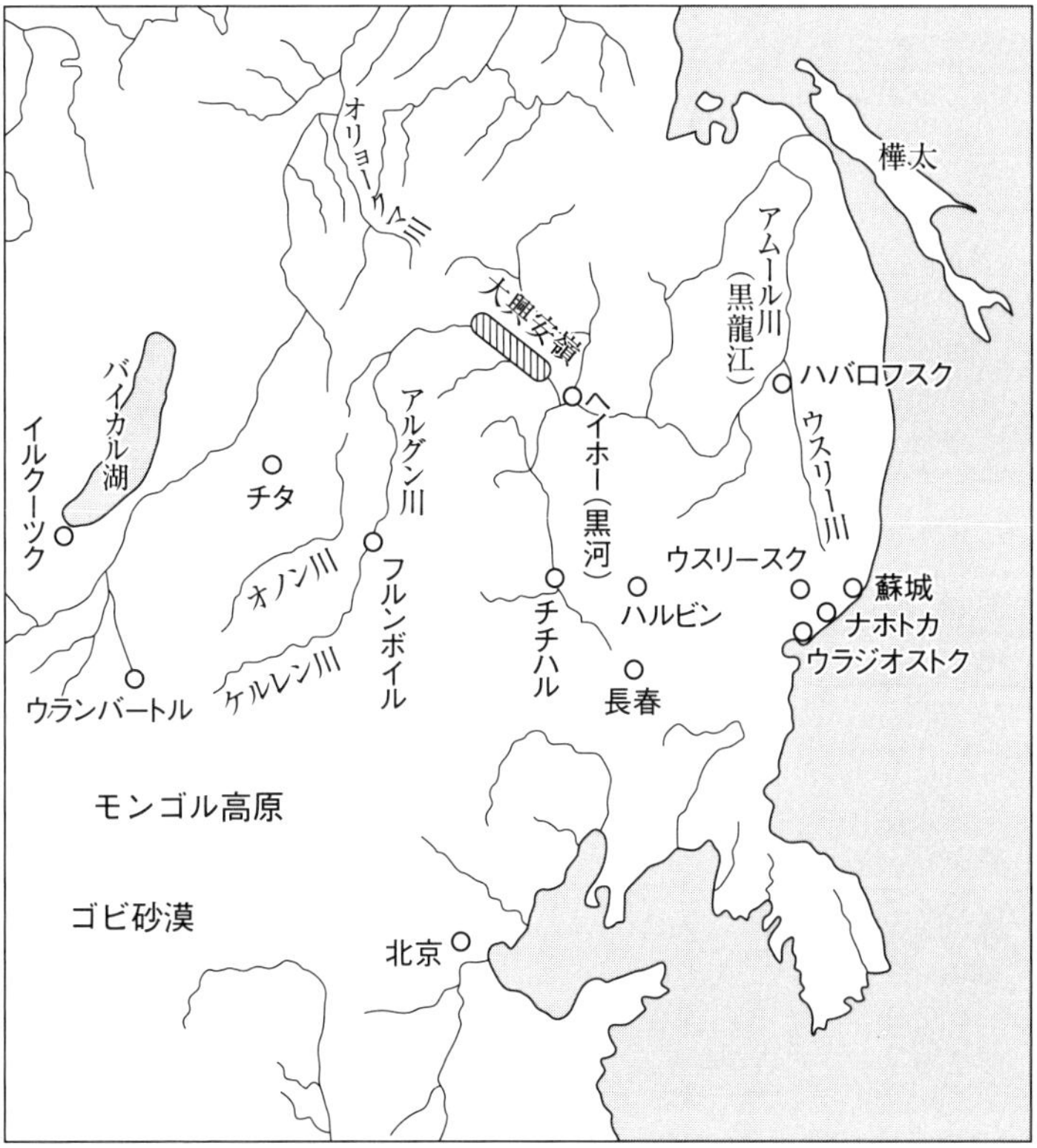

義経一行の大陸での移動ルート（同前）

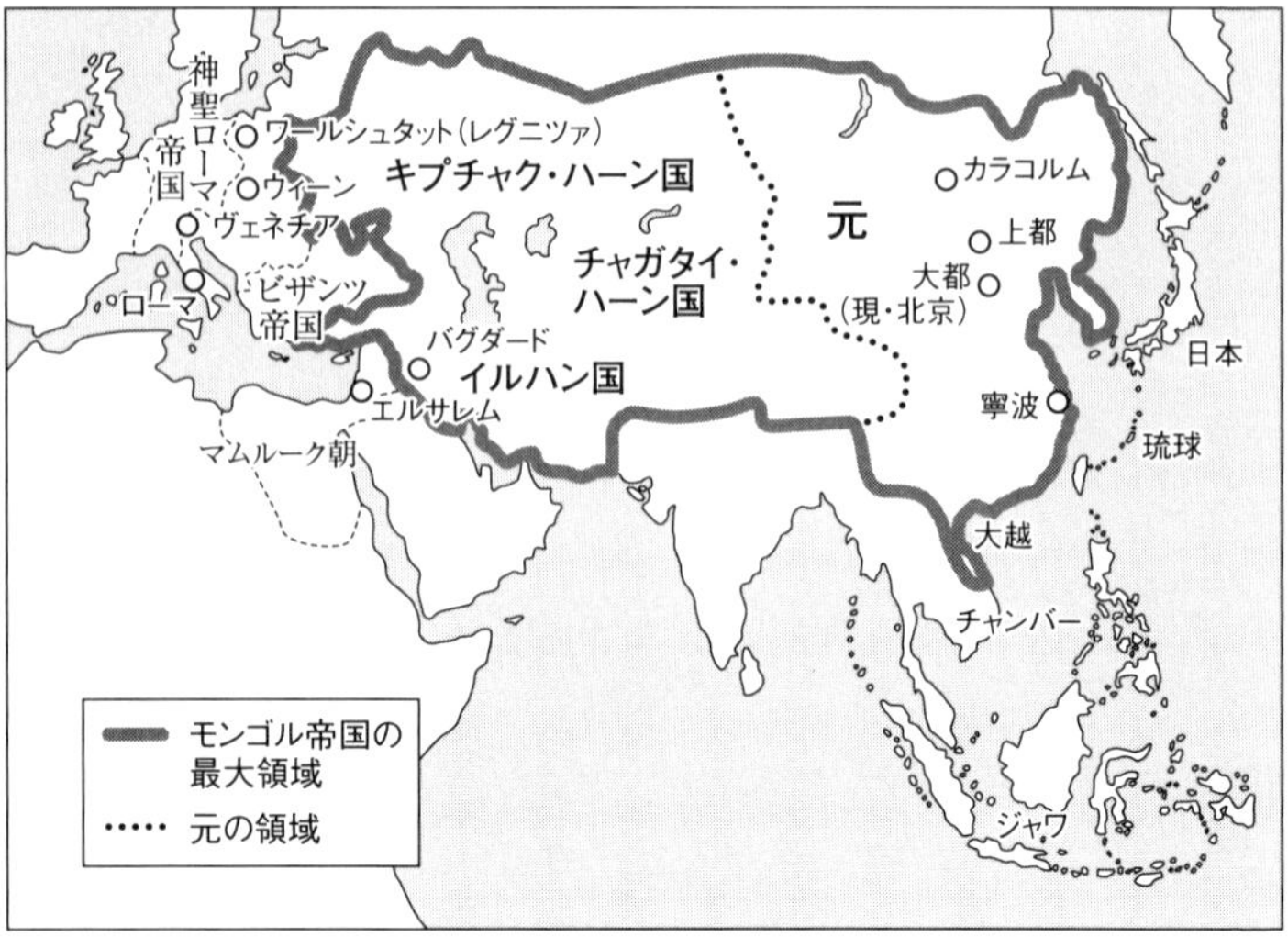

モンゴル帝国の最大版図

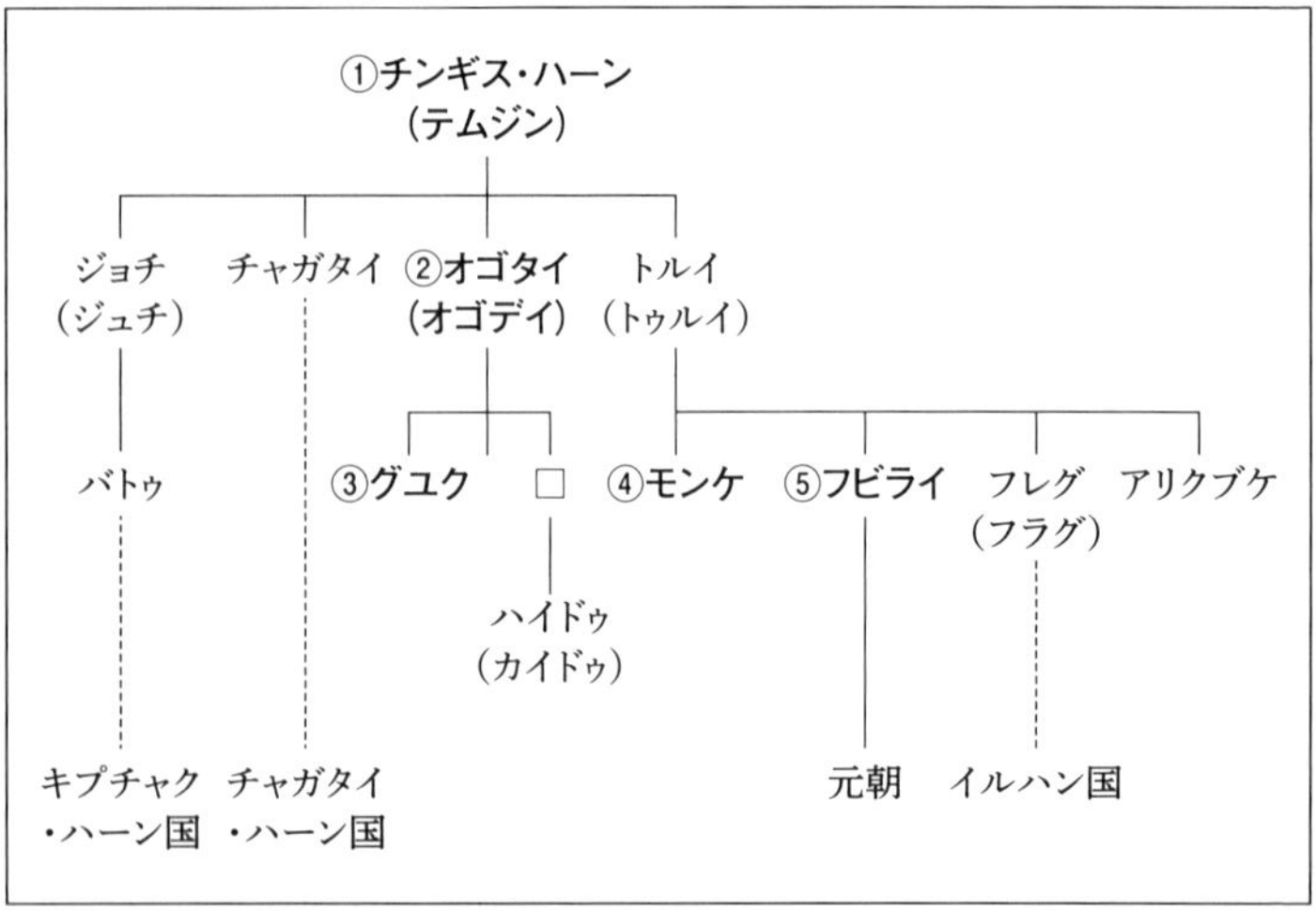

元朝系図

第1章

「義経＝成吉思汗《チンギスハーン》」説をフォルモロジーで解読する

絵画に残された形象は言葉以上に雄弁

まず、私が長年、美術史研究で培ってきた「フォルモロジー」に基づき、「義経＝チンギス・ハーン」説を考察してみたいと考えます。

私は美術史家として研究する中で、過去の遺物を見るときには、「どんな形にも必ず意味がある」という観点で捉えることで真実が明らかになってくると確信しています。その観点のことをフォルモロジー（形象学）と呼んでいます。

歴史を知るときには、文献はあくまで一つの史料であり、その時代に暮らす人々の精神にふさわしい表現の「形」を認識して、その「価値」あるいは「意味」を分析する必要があります。

文字資料だけでなく、歴史の遺物の形象は、実態を反映しています。それは図像的、考古学的な意味だけではありません。それ以上の歴史的意味、解釈学的意味があるのです。

美術史とはそれ自体では言葉を持たない形象を解読する学問であり、そこから発展して、このフォルモロジーによる発見が生まれるのです。

フォルモロジーは文字のない時代の遺物に託されたメッセージを考える際に有益なだけでなく、

文字による記録が残っている時代であっても、記録されなかった隠れた歴史を知るのに役立ちます。絵画や造形物に残された形象はときとして言葉以上に雄弁なのです。

すでに私が行った十四世紀のイタリア美術の研究で、モンゴル人が「善政」をしている図像が多いことを指摘しました（詳しくは第6章を参照）。

では「義経＝チンギス・ハーン」説をフォルモロジーから検証したらどうなるか。その点から述べていきましょう。

義経には写実的な似絵がある

私がまず着目したのが、日本で描かれた義経像、元《げん》時代に描かれたチンギス・ハーンの肖像画です。この当時の肖像画は両国とも高い写実性を持っており、優れた肖像画を生み出していた時代でした。

しかし義経の肖像画のうち実際の彼を描いたと思われるのは、平泉（現在の岩手県南西部）の中尊寺金色堂《こんじき》にある作品だけです。後世に義経を想像して描いたものを除けば、これが唯一の肖像画となります。

義経像（中尊寺所蔵）

チンギス・ハーン肖像（台北・国立故宮博物院所蔵）

後鳥羽院像（伝藤原信実筆、水無瀬神宮蔵）

義経という存在が歌舞伎の「勧進帳《かんじんちょう》」などを通して広く話題となったのは江戸時代なので、その頃に描かれたものだろうともいわれますが、それは正しくありません。

義経の有名な肖像画は似絵《にせえ》といい、十三世紀の藤原信実《のぶざね》らによる絵師のスタイルで描かれています。似絵とは、実物に似せて描いた大和絵の肖像画のことで、平安後期から鎌倉時代にかけて流行したものです。

似絵というジャンルを確立させた藤原信実は、後鳥羽《ごとば》上皇の肖像画を描いたことでも有名で、ほかにも当時の貴族を多く描いています。

のちの時代に描かれた義経は美男子であったり勇将風であったりしますが、中尊寺の義経の肖像画はまったく英雄的なところがなく田舎侍風です。それは、上皇の姿を描いた後鳥羽上皇図も同じです。

そこには天皇らしい威厳は感じられません。しかしだからこそ、その時代の技量の高さがうかがわれるのです。

つまり、過度に威厳がないように描いているからこそ、非常にリアリズムを感じさせるのです。義経の肖像画でいえば、義経は身長が低かったと記録されていますが、その記録にも合致しているようです。

中尊寺に収蔵されていることを考えると、兄・源頼朝《よりとも》の追っ手を逃れ平泉に隠れていた頃に描かれたものでしょう。本人を目の前にして描いたものと推測されます。

しょぼくれているからこそリアル

源義経は源平合戦において、一ノ谷《いちのたに》の戦い、屋島《やしま》の戦い、壇ノ浦の戦いで戦功を挙げながら、最終的に兄・頼朝の不興を買って追われる立場となります。そこで、奥州《おうしゅう》平泉の藤原秀衡《ひでひら》のもとに保護を求めます。

英雄的な活躍をした義経でも、逃避行の末に命からがらたどり着いた平泉ではさすがにしょぼくれてしまった。そういう義経を似絵として捉えたものが、義経の肖像画だと思われます。失意に暮れる英雄を描いたものなのです。

この絵について、これまでよく研究されておらず、「室町時代に描かれたものだ」、あるいは「江戸時代に描かれたものだ」と推定がなされていますが、いずれにしても、正確に模写されたものと考えられます。描かれた線の正確さは、当時のものと考えられます。つまり、この絵の義経こそがまさに本人そのものだということです。

このスタイルは当時の写実的な絵であり、似絵というだけあって非常によく特徴を捉えています。確かにちょっと弱々しい姿の義経は、追われて平泉に蟄居《ちっきょ》する姿としてふさわしいのです。江戸時代の歌舞伎で表現されるような美男子でも何でもない。逆にだからこそ彼の本当の顔に近いのだろうと思われます。

似ていないように見えるが実はそっくり

次にチンギス・ハーンの肖像画を見てみましょう。

モンゴルの肖像画ですから日本のものとスタイルは異なりますが、義経の肖像画と比べてみると

フビライ・ハーン肖像（台北・国立故宮博物院所蔵）

二人の顔のタイプは偶然とは言えないほどに、とてもよく似ています。

同じ様式で描かれたフビライ・ハーンの肖像画と比較すると、きちんと顔の違いを描き分けており写実性を感じさせます。やはり、チンギス・ハーンそのものを忠実に描いたものと考えるべきでしょう。

このような時代の肖像画は、理想化されており、写真のようには正確ではないと思われがちですが、意外にそうではありません。当時の中国絵画史を見ても、技量の高さが感じられます。

美術史を知らない人は、類似性を無視するでしょうが、年が三十年ほど隔たっていても、その顔《がん》貌《ぼう》の同一性は否定できません。絵を描く人はやはり写実を基本にするものです。

私は、「義経＝チンギス・ハーン」説の証拠として、義経とチンギス・ハーンの肖像画の類似を第一に挙げてもいいだろうと考えています。私が長年取り組んできた美術史の本質は、そうした歴史の実態を見出すところにあると言っていいでしょう。

さて、もう一度義経とチンギス・ハーンの肖像画を観察してみましょう（21ページ参照）。

まず、一重まぶたの目が似ています。チンギス・ハーンの肖像はまるで義経像の目の形をなぞったかのようにさえ見えます。

また、顔の輪郭、肉付きを見てください。それに、口はどうでしょう。まばらな口ひげもそっくりです。それらをよく見ると、似ているのがわかるでしょう。

年齢の違う肖像画がこれだけ似ていると、同一人物と判断するしかありません。フォルモロジーの観点で考えると、これだけ似ていれば、同一人物と言っていいでしょう。

ただ、繰り返すようですが、義経の肖像画は落ち延びた先の平泉で描かれたものですから、チンギス・ハーンの持っていた威厳を欠いています。どこか元気のないものにならざるを得ない。

一方、チンギス・ハーンとしての肖像画はモンゴル帝国を率いる皇帝としての自信に満ちた姿をしています。そこは違います。

その違いには、年齢も関係しているでしょう。義経は日本で亡くなったとされる三十歳になる前の像ですから、六十歳頃のチンギス・ハーン像に比べると、落ち着きを欠いています。

チンギス・ハーン像は体つきが描かれていませんが、それでもわかることがあります。首が短いのです。

これは日本人的な姿に見えます。全体の印象として、人格の根っこのところが同一であることがうかがえます。人格の根っこのところは同じなので、目の表情は一致するのです。

源義経が「成吉思汗＝チンギス・ハーン」となったのは、静御前の「なすよしもがな」という歌からだったということは後に詳しく述べますが、「源義経」そのものを「チンギス・ハーン」と読んだという小谷部の説もあながち嘘ではないでしょう。

四十三日後の首実検では誰だかわからない

「義経＝チンギス・ハーン」説が提示する根拠のうち、フォルモロジーにも関係してくる二つの点について、ここで触れておきましょう。

まずは肖像画にも関係する〝義経の首〟のことです。

平泉で自害したとされる義経の首は、保存のため酒に浸されて櫃《ひつ》に収められた上で鎌倉に運ばれます。そして腰越《こしごえ》の浦で梶原景時《かじわらかげとき》と和田義盛《よしもり》により首実検をされたといわれています。

このうち義経と対立して何度もぶつかった梶原景時は、普通なら義経の首を見間違うことはないはずです。しかし、この首は真夏の季節に不自然なほど長い日数をかけて運ばれ、死後四十三日後にようやく首実検が行われています。これでは、酒に浸していたとしても判別可能な状態だったとは思えません。

そこで、私としては、運ばれたのは実際には義経の首ではなかったと推測します。つまり身代わりとなった誰かの首であり、本物の義経は長い日数をかけて首を運んでいる間に北方へ逃走したと思います。

さらに、義経追討を命じた兄・頼朝は、義経の死が偽装されたものであることを知っていて、あえて見逃したのだろうと思います。四十三日も時間が経ったことを怒るでもなく首実検をさせているところを見ると、形式的なものだったと考えていいでしょう。

状況を考えれば、首実検では判別できそうもないのに、義経の首であると結論し、それを頼朝はすんなり受け入れた。首実検の後、義経の首は片瀬の浜に捨ててしまったといわれていますが、どうして急いで証拠を隠滅するかのような行動をとったのでしょうか。

これらの状況証拠からも、頼朝は義経が死んだことにして、逃亡するのを見逃したと思えるのです。

藤原泰衡は義経の逃亡を助けた

表向きの歴史では、藤原秀衡の死後に家督を継いだ泰衡《やすひら》に頼朝が圧力をかけ、義経を襲撃させて自害へと追い込んだことになっています。しかし、実際には頼朝と泰衡の間に密約があったのかもしれません。義経が死んだことにするから、鎌倉から追えないところまで逃がしてくれという密約です。

さらに、生きて日本にいればそのうち殺さざるを得なくなるので、大陸へ逃がすように促していた可能性もあります。

そうなると、義経が泰衡に襲撃され自害したとされる文治《ぶんじ》五（一一八九）年旧暦閏《うるう》四月三十日の時点では、義経はすでに北方へと逃避行していたものと推測されます。そして、首実検の頃には大陸に渡ってしまっているという筋書きだったのでしょう。

実際、平泉から北海道にかけて、百ヶ所以上に義経の足跡と思われる伝承が残されているのですから、十分あり得る話です。

その場合、頼朝と泰衡はある種の共謀関係となります。それは別としても、鎌倉政権の安定にとって奥州藤原氏が潜在的脅威であることは確かでした。そこで、結局は頼朝が奥州へ攻め込んで滅ぼす流れとなります。

泰衡としては納得のいかない展開でしょうが、父・秀衡から遺言で託された「義経を守れ」という使命は果たしたことになります。

家来の裏切りにより殺害され、頼朝に差し出された泰衡の首は、黒漆塗りの首桶《くびおけ》に入れられ、父・秀衡の眠る中尊寺金色堂の金棺の傍らに収められています。この場所に葬られているのは、父の遺言を守った証《あかし》と考えていいでしょう。

実はこの泰衡の首については長年、秀衡の三男・忠衡《ただひら》のものであると誤伝されてきました。父の遺言に背いて義経を攻撃した泰衡ではなく、義経の保護を強く主張して誅殺された忠衡の首であろうと判断されてきたのです。どこかの時代に、首桶が収められていた木箱に「忠衡公」と記されたようです。

しかし、昭和二十五（一九五〇）年に桶を開いて首を調査したところ、泰衡の首の扱われ方に関する記録と一致する痕跡が確認されたため、泰衡のものであることが確定しました。

父・秀衡の遺言に背いたとされる泰衡の首が、その父の棺の傍らに置かれているのですから、「実際には背いていなかった」と捉えるのが自然でしょう。つまり、泰衡は義経の逃亡を助けて、それを成功させたのだと考えられます。

チンギス・ハーンの笹りんどう紋（左）と源氏の笹りんどう紋（佐々木勝三『義経伝説の謎』より）

ナホトカの建物にある笹りんどう（写真中央、同前）

源氏の笹りんどう紋がロシアでも発見された

源氏の代表的な家紋は笹りんどう（笹竜胆）紋とされます。これは、歌舞伎の「勧進帳」や「曽我《そが》の仇討《あだうち》」などで源氏を表すシンボルとして使われているほか、頼朝ゆかりの地である鎌倉市の市章にも採用されています。

一方、「義経＝成吉思汗《チンギスハーン》」説の代表的論者である小谷部《おやべ》全一郎は、チンギス・ハーンの紋章は笹りんどう紋であるとしています。そしてロシア極東部沿海地方の都市・ナホトカの建物にある笹りんどう紋を撮った写真などを紹介しています。

また、小谷部全一郎は、ロシア極東部ニコラエフスクで見た伝統演劇の中で、笹りんどう紋をつけた日本風の鎧《よろい》かぶと姿の役者が、義経の時代に日本で行われたのと同様の「巻狩り」の場面を演じたことを彼の著書の中で触れています。

巻狩りとは、鹿やイノシシなどが生息する狩場を多人数で四方から取り囲み、囲いを縮めながら獲物を追いつめて射止める狩りの仕方で、鎌倉時代に盛んに行われました。巻狩りといえば、源頼朝が建久四（一一九三）年に多くの御家人を集めて駿河国富士山麓で行った富士の巻狩りが有名ですが、もちろん義経も巻狩りをやったことがあったでしょう。

小谷部全一郎は、ニコラエフスクの郊外では、義経の名と笹りんどう紋が刻まれた〝義将軍の古碑〟なる石碑も確認したそうですが、これは残念ながら後に撤去されてしまいました。

これらの紋章はディテールにこそ違いが見られますが、形の考察を行うフォルモロジーの観点から考えると、これだけ一致していれば、いずれも同じ笹りんどう紋が伝わったものと考えていいでしょう。

この紋章を見るだけでも、やはり義経は大陸に渡ってチンギス・ハーンになったのだと考えざるを得ません。

モンゴルの古城跡の「城主はクロー」という伝承

小谷部説を参考に、平泉を発った義経一行のその後を追ってみましょう。一行は北上して青森・三厩《みんまや》に達し、さらに蝦夷《えぞ》地（現在の北海道・樺太）へ。そして、アイヌの水先案内によって大陸に渡った可能性があるでしょう。

大陸への上陸地点としては、ナホトカの北東約一二〇キロにある「ハンガン」という岬だったのではないかと考えられます。

判官《はんがん》とは後白河法皇《ごしらかわほうおう》が義経に与えた官位のことで、一般的に「判官殿」という場合は義経のことを指します。「ハンガン」という地名は義経が上陸したことを示すのでしょう。

さらに、ハンガン岬から約三十キロ離れた地に、蘇城《スーチャン》という古城遺跡があります。ここには「難を逃れ日本を離れてこの地にやってきた武将が城を築いた」「武将はのちに城を娘に任せ、自らは内陸へ攻め入って大王になった」という伝承があります。

そのほか、小谷部説では「義経＝チンギス・ハーン」説の根拠がいくつも挙げられています。

○チンギス・ハーンが滞在した熱河省（現在の河北省・遼寧省および内モンゴル自治区の交差地域）の地名「平泉《へいせん》」の由来は、義経ゆかりの「平泉」ではないか。
○モンゴルの古城跡に「城主はクローと称していた」という伝承がある。九男である義経も自身を「九郎」と称していた。
○チンギス・ハーンはニロン族キャト氏族の出身といわれる。「ニロン」は「ニホン」が、「キャト」は「キョウト」が転訛した語ではないか。
○義経は自らを天神と称したが、それがチンギス・ハーンの前名・テムジンとなった。
○チンギス・ハーンの紋章は「笹りんどう」。源氏の家紋も「笹りんどう」である。
○モンゴル帝国の後裔《こうえい》国「元」の名は源氏の「源」に通じる。
○ラマ教（チベット仏教）の高僧であるモンゴル人に「源義経汗（ゲンギケイカン）」と発音するようお願いしたところ、「チンギセーハン」と繰り返し発声した。

私は源義経の「天神」という自称がテムジンになったという説は大変興味深いと思います。天神様とは、菅原道真《すがわらのみちざね》のことだからです。道真は晩年に追放され、大宰府に流され、悲惨な末路をたどりました。

義経はそれを知っていて、自らを菅原道真になぞらえた可能性があります。

モンゴル・ウランバートル市近郊にそびえる巨大なチンギス・ハーン像

さらに、小谷部全一郎は義経とチンギス・ハーンの共通点として次の点を挙げています。

○両者とも背は高くなく、酒を飲めなかった。
○ほぼ同年齢と推定される。
○鎌倉時代に盛んに行われた「巻狩り」（多くの人数で追い込んだ獲物を武将が射る）と同じやり方の狩りをチンギス・ハーンも行った。
○巻狩りの際、チンギス・ハーンは高い櫓《やぐら》に登り、将兵の猟の状況を把握した。義経も同じように宇治川の戦いで高い櫓を造らせて将兵の状況を把握した。
○戦術が酷似している。

背丈についてチンギス・ハーンは大男だったともいわれます。現在モンゴルに巨大な像が建てられていて、現代の一部のモンゴル史家はチンギス・ハーンは巨大な男だったと考えているようです。その場合、小柄だったとされる義経とは一致しないことになります。

これについて小谷部全一郎は、『成吉思汗伝』という書物から、チンギス・ハーンの遺体が小さかったという記述を引用します。生前は厚底の靴などで体を大きく見せていたのではないかと推測しています。

チンギス・ハーンの姿が大男であったという記述はありません。しかし、体の大小は意外にわからないものです。

一方、戦術の酷似については、勝ち目の薄い戦いにおいて、テムジン（即位前のチンギス・ハーン）が断崖を駆け下り敵陣を奇襲し、皆殺しにした話などを紹介しています。一ノ谷の戦いでの義経に酷似した戦い方と言っていいでしょう。

これは、義経の若い頃の逸話がテムジンの話として置き換わったものかもしれません。

義経を思わせる数々の事跡

『成吉思汗ハ源義経也』が受け入れられたのは、ちょうど日清戦争や日露戦争の勝利で勢いづく当時の日本人の間で、さらなる戦意高揚につながったからだ、などともいわれます。しかし、これはこの本を批判する人の言い草であって、実際には『成吉思汗ハ源義経也』で展開された論に説得力があったからこそ、広く読まれたのだと思われます。

一方で、『成吉思汗ハ源義経也』の出版翌年の大正十四（一九二五）年には、雑誌『中央史壇』が歴史学者らを集めて『成吉思汗は源義経にあらず』と題する臨時増刊を刊行。小谷部説を猛烈に批判します。

高名な言語学者・金田一京助も小谷部説を批判した一人ですが、彼の批判は義経＝チンギス・ハーン説の具体的な検証は行わず、ただ著者との出会いを記す中で、前提からして受け付けようとしていません。そこには、学者による上から目線が感じられます。

金田一京助は学生時代に、北海道虻田《あぶた》に住んでいた小谷部家を訪れた思い出を本に書き、「内助の犠牲となっている夫人」「子供のくつが黒土で真っ黒になっていた」などと上から目線でつづっています。一方で、結論に合わせた都合のよい事実だけを並べているなどと小谷部の説を非難しています。

しかし、「結論に合わせた都合のよい事実だけ」を書くのはなにも小谷部全一郎だけがやっていることではないでしょう。ここには金田一京助が、野菜を作りカイコを育てることで糊口《ここう》をしのいでいる小谷部を下に見た傲慢さが感じられます。

『成吉思汗は源義経にあらず』に対し、小谷部全一郎はひるむことなく、『成吉思汗は源義経也：著述の動機と再論』を著して反論します。実際に大陸を踏査した証拠をもとに、彼の「義経＝チンギス・ハーン」説は依然として説得力を持ち続けます。

ところが、戦後にはわずかな人だけが信じる奇説という位置付けとなりました。一般的にはモンゴル史の研究が進んだこともあって否定された、とされますが、本当にそうだったのかどうか。偽史・奇説扱いされた背景として、戦後の左翼思想に汚染された唯物論的見解の影響があったのではないでしょうか。その点でも改めて検証する必要がありそうです。

チンギス・ハーンは、地続きの領土としては世界最大の面積を誇るモンゴル帝国の礎《いしずえ》を創建した偉大な皇帝であり、東洋史においても、西洋史においても重要な存在であることは言うまでもありません。チンギス・ハーンは東と西をつないだことで、初めて「世界史」を作った人物だったとまでいわれるようになりました。

モンゴルは今でこそ、中央アジアの小国にすぎませんが、元（モンゴル）が、東西世界をつなげ、世界史の概念を作ったということを理解しておかなければなりません。

モンゴルは、チンギス・ハーンの時代にモンゴル帝国を打ち立てて、次々にユーラシア大陸の各地を侵略していきました。そして、元寇《げんこう》によって日本征服を企てた第五代皇帝フビライ・ハーンの時代に、大都（現在の北京）を都にして元と称し、その領土を最大のものとしました。

モンゴルは、ハンガリーに侵攻し、ポーランドまで行っています。最終的には、イタリアの近くまで迫っています。

一方、モンゴル帝国の隆盛とその拡大によって、東西のさまざまな文物が行き交うことになります。そうなることで、東西の文化の交流も進みました。

古代ローマ帝国よりも大きな領土を、少なくとも一六〇年もの間、アジア人が維持したというのはほかに類を見ない偉業です。それを成し遂げたのが、実は源義経という日本人であったとすると、大変なことです。果たしてチンギス・ハーンは源義経だったのか？

この問いは、世界史上の最大の謎と言っていいでしょう。しかし事実を探究すれば、謎は打ち消されます。

現代の否定論者のように、最初から「ナンセンスである」と否定するのではなく、歴史家であれば、その蓋然性《がいぜん》に気づけるはずです。特に、私のように日本人として六十年以上も西洋史と日本国史を研究し、その上で既存の研究にとらわれず、フォルモロジーという新たな視点を提唱している者にとっては、「義経＝成吉思汗《チンギスハーン》」説は興味の尽きないテーマであると言えます。

第2章

「義経＝成吉思汗《チンギスハーン》」説を支持した知識人たち

林羅山も新井白石も北行説を考えていた

実は、古くから、日本では源義経が自害したと見せかけて北方へ逃げ、蝦夷地《えぞ》（現在の北海道・樺太）へ渡ったとする伝承が注目されていました。

例えば、江戸時代には、儒学者の林羅山《はやしらざん》とその三男・鵞峰《がほう》が幕命で編纂した歴史書『続本朝通鑑』に、平泉で義経は死んでおらず蝦夷へ逃げ子孫を残したという伝承があると記載されています。

一方、水戸藩の徳川光圀《みつくに》が編纂を始めた歴史書『大日本史』にも、義経が死を偽り北へ逃げた可能性があると記されています。〝義経の首〟が鎌倉に届くまでの期間があまりに長すぎるというのがその主な理由です。

寛文《かんぶん》七（一六六七）年には、江戸幕府の巡見使《じゅんけんし》一行が蝦夷地を視察する中で、アイヌによる半神半人の英雄「オキクルミ」の祭祀を目撃します。一行が松前藩の役人にオキクルミとは何かと聞いたところ、「判官殿のことを申しまする」という答えが返ってきました。

前述の通り、一般的に「判官殿」という場合は義経のことを指します。

さらに、松前藩の役人は「蝦夷地には判官殿（義経）の屋敷跡が多数残っています。さらに奥地

（樺太・シベリア）へ行ったという伝承もあります。奥には弁慶崎なる岬があります」とも述べました。

また、六代将軍・徳川家宣《いえのぶ》の侍講《じこう》（将軍に学問を講ずる職）として幕政に影響力を発揮した新井《あらい》白石《はくせき》も、家宣に日本史を講義するための草案「読史余論《とくしよろん》」で、義経が衣川《ころもがわ》で自殺するのはおかしいと述べています。

義経は藤原泰衡に討たれず、義経のシンパであった藤原忠衡のもとに逃げたのだろうとしています。泰衡が頼朝に献上した首は本物ではないとし、忠衡は義経を助け、北方へ逃げさせたのだろうと主張しています。

江戸時代後期の幕臣・近藤重蔵や、幕府の御庭番・間宮林蔵らも、義経が平泉で死んでおらず北方へ逃れたという説に関心を持っていたと伝えられています。

オランダ商館医シーボルトも著書『日本』で紹介した

日本の識者ばかりでなく、来日した外国人の中にも「義経＝チンギス・ハーン」説を支持する者がいました。私は日本人の識者が述べる主張よりも、こうした外国人識者の主張に注目します。どの国の研究者もどうしても自国びいきをしてしまいますが、外国人識者は客観的・中立的に判断できるからです。

江戸時代末期の文政《ぶんせい》六（一八二三）年に来日して、長崎出島のオランダ商館付き医師となったドイツ人医師フランツ・フォン・シーボルトは、日本に関する膨大な資料を収集しました。また実地検分もした上で、帰国後にまとめたのが、著書『日本』でした。

フランツ・フォン・シーボルト（川原慶賀筆、佐賀県立美術館所蔵）

その『日本』の第五章「自国領土、近隣諸国、保護国の発見史」に、義経＝チンギス・ハーン説が紹介されています。そこには「伝説によると、彼（義経）は、当時権勢をふるった頼朝の追跡をかわし、蝦夷（北海道）へ逃れたという」と記されています。

さらに「彼（シーボルトの友人の吉雄忠次郎）は、義経は蝦夷から韃靼《だったん》（モンゴル）に渡り、元朝の太祖のチンギス・ハーンになったと確言している」と述べています。

『日本』におけるシーボルトの主張をまとめると次のようになります。

○義経が蝦夷島に脱出したとされる一一九〇年に義経はテムジンになっている。

○源氏もチンギス・ハーンも白旗を用いた。
○チンギス・ハーン（成吉思汗）の「汗」の称号は、チンギス・ハーン以前にアジアでは知られていなかった。「汗」は日本の官位「守《かみ》」に由来する可能性がある。

博物学者でもあったシーボルトによる、わが国に関する著作は当時、第一級の資料として信頼されていました。そこに、右で述べたような記述があるのは驚くべきことです。

さらに、再来日した後の文久《ぶんきゅう》元（一八六一）年に、オランダの尺度「フート」について聞かれたシーボルトは、フートと日本の「尺」がほぼ同じ長さなのはヨーロッパに侵攻したモンゴル人がその尺度を伝えたからで、チンギス・ハーンが日本人であったからモンゴルでもその尺度を使っていたと説明しています。

加えて、シーボルトが中国で見た元の太祖（＝チンギス・ハーン）についての碑文には、兄の怒りを買って討伐されかけた太祖が日本から満州へ渡り、モンゴル入りして国を成した旨が記されていたとも語っていたそうです。

この碑文の内容はまさに義経と頼朝の関係をそのまま説明したものです。

明治三（一八七〇）年に来日したアメリカ人教師グリフィスもシーボルト説の影響を受けており、明治九（一八七六）年にニューヨークで出版した著書『皇国』の中で「義経＝チンギス・ハーン」

説について触れています。

末松謙澄はケンブリッジ大学の論文で取り上げた

明治期には末松謙澄《すえまつけんちょう》という人物が、留学していた英ケンブリッジ大学の卒業論文で、『偉大ナ征服者成吉思汗ハ日本ノ英雄義経ト同一人物也』という「義経＝チンギス・ハーン」説を肯定する文章を書いています。

末松謙澄は初代総理大臣・伊藤博文の娘婿に当たる人物で、英ロンドンの日本公使館書記官となり、ケンブリッジ大学に留学します。帰国後は伊藤内閣の逓信大臣、内務大臣などの閣僚を務め、のちに子爵位を得ている人物です。

末松謙澄の著したこの英字論文は日本語に翻訳され、明治十八（一八八五）年に『義経再興記』の題名で出版されました。高価な本であるにもかかわらず売れ行きは良好だったようです。

かの文豪、夏目漱石も、明治三十八（一九〇五）年発表の『吾輩は猫である』の中で、「なんでも義経が蝦夷から満洲へ渡ったときに、蝦夷の男で大変学《がく》のできる人がくっ付いて行ったてえ話しだね」と、この本の内容について触れています。

末松謙澄
(国会図書館のサイトより)

末松謙澄の説では、シーボルトの論を下敷きにしつつ独自の主張も展開。例えば、チンギス・ハーンの父「エスゲイ(イェスゲイ)」の名は、義経が蝦夷《えぞ》海《かい》を渡ってきた話が誤伝したものと述べています。

また、ジンギス・カンの名は、「源義経」を「ゲン・ギ・ケイ」と読み、そこに王位の尊称である「カン」を付けたものが由来であるとも記しています。モンゴル語では「ゲ」「ギ」「ジ」の三つの音に明確な区別がないため、義経の名が「ジンギス・カン」に転訛したというのです。

この末松謙澄の説を、大陸で実地踏査して発展させたのが、大正期末から昭和にかけてベストセラーとなり、大論争を呼んだ小谷部《おやべ》全一郎の著書『成吉思汗ハ源義経也』です。

少年時代に末松論文の邦訳本『義経再興記』に感化された小谷部は、長じて後、アイヌの教育事業に関わる中で、再度「義経＝チンギス・ハーン」説への関心が再燃します。シベリア出兵時に陸軍の通訳官として大陸に渡った際に満州・モンゴルを踏査し、帰国後の大正十三(一九二四)年に『成吉思汗ハ源義経也』を出版します。

小谷部全一郎はまず、義経を討つならば朝廷や頼朝の使者が来たときか、見晴らしがよく逃走しにくい冬に行うべきなのに、旧暦閏四月、新暦でいう六月に討ったとされることへの疑問を読者へ投げかけました。

さらに、義経が決死の逃避行を自害という形で終わらせることの不自然さを指摘。また、平泉で青年期をともに過ごした朋友や協力者らが、義経が死に追い詰められる様子をただ傍観していたとは思えない……と論を進めます。

また、当時の風習として敵であっても女性を殺すことはなかったとし、義経が自身の正室と娘を殺したとは思えないと主張。女性を殺さない例として、頼朝ですら義経の側室であった静御前《しずかごぜん》を殺さなかったこと、静御前が産んだ子も女児であれば命は奪われなかったことなどを挙げています。

この点について小谷部全一郎は、義経が自身の妻と娘を殺してから自害したというのは、むしろ二人を連れて逃走したことを意味していると述べています。

そして、〝義経の首〟については、鎌倉に到着する頃は真夏であり、酒に浸して保存していたとしても首実検で判別がつく状態ではなかっただろうと推測しています。

屋島の戦いで見せた戦法をテムジンも行った

ここで、義経の人生を振り返っておきましょう。

日本史の授業で学ぶことから、日本人で源義経を知らないという人はほとんどいないでしょう。しかし、ＮＨＫの大河ドラマなどでときどき取り上げられるとはいえ、義経という一人の人物の主な事跡を時系列で知っている人となると、意外と少ないかもしれません。

義経といえば源平合戦ですが、そのすべては平清盛《たいらのきよもり》が仁安《にんあん》二（一一六七）年に太政《だじょう》大臣となり、藤原氏にとって代わって平氏政権を打ち立てたところから始まります。

治承《じしょう》四（一一八〇）年の治承の乱では、平氏軍が平重衡《たいらのしげひら》に率いられ、平氏に対立姿勢をとる南都（奈良）の寺社勢力を鎮圧。焼き討ちにより東大寺の大仏や興福寺が消失しました。

この焼き討ちで国家鎮護の象徴である大仏が破壊されました。そんなことをすれば、朝廷や南都の人々だけでなく、仏教徒以外も含めて全国民の憤激を招くことは必定でしょう。それにより反・平氏の動きがいっそう強まりました。

その結果、源頼朝が発した平氏討伐の呼びかけに応じ、各地の源氏が挙兵することになります。

頼朝の弟である義経は、一ノ谷の戦い、屋島の戦いで大きな戦功を立てた後、最後の決戦となった壇ノ浦の戦いで、平氏軍を壊滅状態に追い込み勝利します。追い込まれた平氏の武将や女性たち、幼い安徳天皇は海に身を投げます。これが、寿永《じゅえい》四（一一八五）年のことでした。

なお、義経が屋島の戦いで見せた戦法が、大陸に渡った義経＝テムジン（チンギス・ハーン）がナイマン族との戦いで採った戦い方に似ているのですが、その点はのちほど詳しくお話ししましょう。

一ノ谷の戦いを終えて京都に戻ったとき、義経は後白河法皇に官位を与えられます。しかし、そうしたことで鎌倉の頼朝からは不興を買い、壇ノ浦の戦いの後に追われる身となります。

頼朝は都に兵を送って法皇を問い詰め、義経を捕らえるために自分の部下（御家人）を守護や地頭として各地に置くことを認めさせました。

一方、追われる側の義経は、青年時代に六年間を過ごした奥州平泉（現在の岩手県南西部）へ逃げ込み、同地を治める藤原秀衡の保護を受けることになります。

しかし、秀衡の死後、その子である泰衡から攻撃を受け、最期は二十二歳の正妻と四歳の娘を殺した後に自害したとされます。これが事実なら、義経は享年三十一ということになります。

この〝義経の死〟が文治五（一一八九）年のこと。その三年後の建久《けんきゅう》三（一一九二）年に頼朝は征夷大将軍に指名され、鎌倉を都とする鎌倉幕府を開きます。

日本の歴史家は、この義経の死を歴史の史実として認識し、日本史の授業でもそのように教えています。しかし、それは果たして事実かどうか？

モンゴル帝国の版図拡大は奇跡的だった

「義経＝チンギス・ハーン」説において義経と同一人物とされるチンギス・ハーンはモンゴル帝国の初代皇帝であり、その在位は一二〇六〜一二二七年とされています。つまり、〝義経の死〟から十七年後に皇帝に即位したことになります。

モンゴル帝国の成立は、人類史上でもまれに見る奇跡的な偉業でした。それまでのモンゴル地方では、広大な草原地帯に散らばる多数の部族が遊牧や狩猟を生活の糧としており、人々は意志を伝え残す文字も、国という概念も持ちませんでした。

また、遊牧の民は一ヶ所に永住することがないため、一人の指導者がいくつもの部族を統治するのは困難でした。

そうした状況の中、チンギス・ハーンは短期間のうちにモンゴル統一を果たして帝国を打ち立てます。するとわずか二十〜三十年間で版図《はんと》を大幅に拡大し、中国、中央アジア、イラン、東ヨーロッパに至る広大な領域を支配下に収めるのです。

また、ウイグル文字を〝モンゴル文字〟として導入し、国事の遂行などに役立てたこともチンギス・ハーンの偉業の一つに数え上げていいでしょう。なお、モンゴル文字が平安時代の日本語に似ているという説を唱える研究者もいます。

このチンギス・ハーンと源義経はどちらも戦いにおいて天性の才を発揮しましたが、二人が同一人物であるという説はいかにも荒唐無稽に聞こえるかもしれません。

しかし、テムジンという名前が、義経が大陸で自分に与えた名前であることはすでに指摘されています。これは大変重要なことです。自分が都から追放された菅原道真と同じ運命にあると考えていたことがわかるからです。

一方、義経の側室であった静御前の存在が、チンギス・ハーンと義経をつなぐヒントを与えてくれます。

静御前との別れ

平氏を破り、源氏の時代を作った立役者の一人である義経が、兄である頼朝から追われたのはなぜでしょうか。周囲からのねたみを買い、ありもしないことを告げ口されたことなどがその背景にあります。

頼朝の圧力により、朝廷から義経討伐の院宣《いんぜん》（上皇が院司を通じて発する文章）が出されたのち、義経は九州へ逃れようとして、約三百騎とともに摂津の港から船出します。しかし、暴風雨により船は難破し九州行きは失敗しました。

これが、文治元（一一八五）年旧暦十一月のことです。

義経はわずかな家臣とともに吉野（現在の奈良県南部の山岳地帯）へ逃れますが、真冬で雪が積もる吉野山の奥深くに、当時身ごもっていた静御前を連れてはいけません。

そこで静御前は一人で京都へ帰りますが、これが義経との最後の別れとなりました。その後、静御前は捕らわれ、母・磯禅師《いそのぜんじ》とともに鎌倉へ移送されます。

鎌倉に送られた静御前は、鶴岡八幡宮で頼朝やその正室の北条政子、鎌倉武士たちの前で歌い舞い、そのときに義経への想いを歌ったのが次の二首です。

吉野山　峰の白雪　踏み分けて
　入りにしひとの　跡ぞ恋しき

しづやしづ　しずのおだまき　くりかえし
　昔を今に　なすよしもがな

静御前の墓（埼玉県久喜市栗橋）

鎌倉幕府の正史とされる『吾妻鏡《あづまかがみ》』には、静御前は義経の子を産んだものの、男児であったため頼朝の命令で殺されたとあります。

その後、静御前と磯禅師は京に帰されたと記録されていますが、地方の伝承には、義経が奥州平泉に落ち延びたという噂を聞いた静御前が、侍女を伴い旅立ったとも伝えられています。

その伝承によると、旅の途中で義経が自害したという知らせを聞いた静御前は衝撃を受けます。そして失意のうちに、武蔵国栗橋《くりはし》（現在の埼玉県久喜市）の地で亡くなったとされます。享年二十二でした。

成吉思汗の名前の由来は「吉野に成りて　水干を思う」

さて、当時の貴族社会の男女間には、思いを託した歌を受け取った側は相手に対して〝返歌〟として歌で返事をする習わしがありました。しかし、義経は先の静御前の歌に対して返歌を送る機会がありません。

そこで注目したいのが、「チンギス・ハーン」を漢字表記した「成吉思汗」という言葉です。

一般的に知られている歴史では、チンギス・ハーンはもともと「テムジン」という名であり、皇帝に即位する際に初めて「チンギス・ハーン」(チンギス・カン、チンギス・ハンとも)と名乗り始めたとされます。

ここで不思議なのは、「チンギス」という語の由来について、諸説あれども確実なところがわかっていないことです。つまり、モンゴルの初代皇帝は出所不明の言葉を名前にしたことになります。

ところが、日本語で考えると「チンギス・ハーン＝成吉思汗」の謎が解けてしまいます。

ここで仮に、静御前との別れから約二十年後の一二〇六年に、モンゴルを統一して皇帝となった義経が自らの名前を「成吉思汗」と名乗ったと考えてみてください。

まず、この「成吉思汗」という語に、漢文を読むときのようにレ点を付けてみます。さらに、「吉」を吉野として、「汗」を水を表すさんずいと「干」に分解して解釈すると、「吉野に成りて水干を思う」と読むことができます。

水干とは男性の平安装束のことですが、実は静御前は水干と立烏帽子《たてえぼし》に太刀を差した男姿で踊る「白拍子《しらびょうし》」という舞いの名手でした。つまり、「汗」＝水干とは静御前のことを指しているともとれるわけです。

そこで、「成吉思汗」を静御前の歌への返歌として考えると、「私は吉野へ逃げられたが、離ればなれになった静のことをいつも思っている」という義経の思いが読み取れます。

白拍子姿の静御前（葛飾北斎筆、北斎館蔵、文政３［1820］年頃）

また、万葉仮名のように「成吉思汗＝なすよしもがな」とも読むことができます。これは、静御前が読んだ歌の一節そのものです。

鎌倉に送られた静御前が、鶴岡八幡宮で頼朝や北条政子たちの前で歌い舞ったことは先に述べました。そのときに義経への想いを歌ったのが次の歌でした。

しづやしづ　しずのおだまき　くりかえし
昔を今に　なすよしもがな

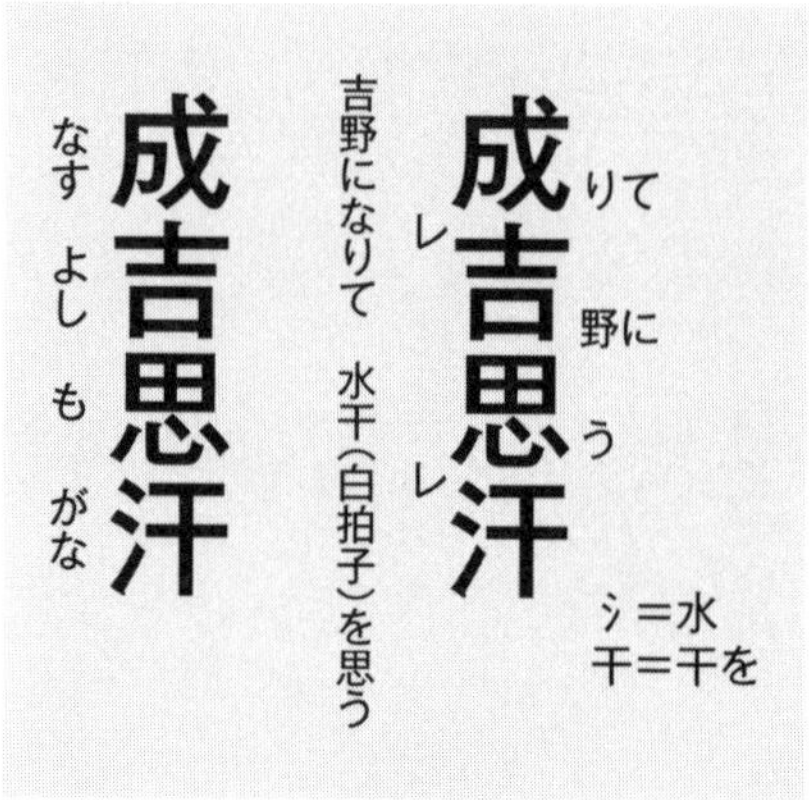

成吉思汗はまさに「なすよしもがな」と読めるわけです。

名前に込められたメッセージ

この、「成吉思汗」という語を日本語として読み解く説は私のオリジナルではありません。作家の仁科東子《にしなはるこ》さんの考察によるものです。

推理作家の高木彬光さんは歴史ミステリー小説『成吉思汗の秘密』の中で、義経は平泉で死んではいないという説を推理小説のストーリーに託して伝えています。それによると、義経は東北地方の約三百人の若い騎馬武士とともに北海道からサハリン（樺太）を経由して大陸へ渡り、その後、モンゴルを統一して成吉思汗を名乗ったというのです。

そして、その説の根拠の一つとして、仁科さんによる考察を挙げています。『成吉思汗の秘密』

を読んだ仁科さんから届いた手紙の内容に感銘を受けた高木さんは、作品の改訂時にそれに基づいて内容を書き足したのです。

義経はモンゴル皇帝として出自を隠してモンゴル人になりきりつつ、日本人にだけ伝わるメッセージとして静御前への思いを自身の名前として残したのではないか、と。

「義経＝チンギス・ハーン」説の根拠はもちろんこれだけではありません。本書ではこの説について、私の提唱するフォルモロジーなど、これまでにない論点も含め詳細に検証していきます。

さらに、義経がチンギス・ハーンとして広大な領域を支配下に収められた理由として、彼が大陸的な性格を持つ秦氏の系譜を継ぎつつ、他国の文化や人材をあまねく受容する日本人としての懐の深さも兼ね備えた人物であったことを解説していきましょう。

第3章

義経は「自害」した後、どんなルートで北海道へ渡ったか

鞍馬寺で天狗（秦氏）から兵法を学んだ

「義経＝チンギス・ハーン」説をより深く考察する前に、もう少し詳しく源義経の事跡を振り返っておきます。

義経は平治《へいじ》元（一一五九）年、源義朝の九男として京都で誕生し、幼名を牛若（牛若丸）といいました。一歳のとき、父・義朝が平治の乱で平清盛に敗れ、逃げた先で殺されますが、義経ら兄弟は助命され、牛若は母・常盤御前《ときわごぜん》の下で六歳まで育てられます。

なお、常盤御前は大変な美人であったとされています。義経の父・義朝の死後、宿敵であった平清盛の側室になったともいわれます。清盛が敵の側室を自分の側室に迎え入れたのは、それだけ魅力的な女性だったからでしょう。

日本に渡来し同化した秦氏系の女性も、美人が非常に多かったようです。常盤御前も何らかの形でユダヤ系に連なる血筋であったと私は考えています。

六歳から鞍馬寺《くらまでら》に預けられた牛若は紗那王《しゃなおう》と名乗り、学問や武芸の修行に取り組みました。義経は後年、戦いの才に優れた人物となりますが、兵法の多くを鞍馬寺に預けられていた頃、鞍馬の大天狗から学んだとされています。つまり、彼は武士としての修行を熱心に行ったことになります。

ちなみに常盤御前が秦氏系だったとすると、義経が秦氏系の鞍馬寺に預けられ、修行をしたことも納得がいきます。鞍馬寺は修験道とも関わる寺ですが、外来のユダヤ人系の人々は山伏となる傾向があったからです。

鞍馬寺は山伏系の寺ですが、そこは京都に多かった秦氏系の寺でもありました。したがってそこで修行をした義経も秦氏系だったと私は考えています。大天狗も秦氏系の人だったと考えられます。

秦氏ユダヤ人の多くは容姿も時代を経て日本人と変わらなくなっていますが、鷲《わし》鼻などユダヤ人の容姿を比較的残した者が天狗と呼ばれていました。

額にフィラクテリーをつけたユダヤ教徒

天狗というと、日本神話に登場する神・サルタヒコ（猿田彦）を思い出します。サルタヒコは長い鼻と二メートルを超える長身を持つ異形の神でした。私は、サルタヒコはユダヤ系の神だったと分析していますが、天狗とされる人々もそうだったでしょう。

また天狗は「虎の巻」を手に持ち、兜巾《ときん》という黒い箱を額につけた姿で描かれることが多いので

五条大橋での弁慶と義経の戦いを描いた江戸時代の浮世絵（歌川国芳画、『和漢英勇画伝』）。弁慶（右）は日本人離れした異形で、怪力である。

すが、「虎の巻」はユダヤ教の戒律を記したトーラーであり、兜巾はユダヤ教徒が額につけるフィラクテリーに似ているという説もあります。

一方、義経の武を支えた忠実なる家臣として知られる武蔵坊弁慶は大陸的な偉丈夫《いじょうふ》であり、彼もまたユダヤ人系でした。

弁慶は紀伊の熊野別当（熊野本宮大社、熊野速玉大社、熊野那智大社を統括する役職）の子とされています。紀伊熊野は秦氏と関わりが深く、弁慶もその末裔と考えられます。

弁慶の幼名は鬼若丸でした。鬼といえば顔が赤く、鼻が長く、その容貌はサルタヒコにそっくりです。鬼という名前がつけられていたことからも、弁慶が秦氏ユダヤ人だったことをうかがわせます。

源氏とつながる奥州藤原家が義経を保護した

源義経は十五歳のとき、藤原秀衡《ひでひら》を頼り、奥州平泉へ向かいます。その途上、義経は元服して「源 九郎義経《みなもとのくろうよしつね》」と名乗ります。九男であったことから「九郎」と称したのですが、前述の通り、モンゴルの古城跡に「城主はクローと称していた」という伝承があります。この伝承も義経とモンゴルとの結びつきを感じさせます。

なお、義経という名前は、清和天皇に連なる清和《せいわ》源氏の初代、源 経基《みなもとのつねもと》の名と、清和源氏の英雄である源 義家《みなもとのよしいえ》の名から一字ずつもらった名前でした。義経は自身の名に源氏の再興への思いを込めたわけです。

源氏とは、天皇家と同じ源《みなもと》であるという意味でつけられた名前です。天皇家の中で、宮廷に残る皇子とは別に、臣籍降下して地方に国司として派遣された者が源氏の始まりです。

しかし平安末期、東北で二つの戦いがありました。前九年の役は、陸奥国の豪族・安倍頼時《よりとき》が賦《ふ》役《えき》（領主直営地での無償労働）を務めなかったので、源頼義、義家父子が討伐した事件です（一〇五一～六二）。また後三年の役は、同じく陸奥国の豪族・清原氏が内紛を起こした際に、陸奥守として赴任した源義家が、苦戦の末にこれを平定した事件（一〇八三〜八七）です。

これらの事件によって源氏は、東国に地盤を確保しました。その義家に加担した藤原清衡《きよひら》が、平泉に陸奥、出羽を支配する藤原三代の基盤を作りました。ここに武士の時代が始まったといってもいいでしょう。

この奥州の藤原家は、源氏とのつながりから、義経をのちに保護することになります。

奥州藤原氏も秦氏とつながっていた

若き義経が身を寄せた奥州平泉の藤原秀衡は、強大な軍事力と財力を誇り、奥州で一大文化圏を形成していました。また、平泉は奥州藤原氏三代により、仏教の極楽浄土思想に彩られた町となっていました。

当時の東北地方は名馬の産地であり、金や鉄の産出地でもありました。さらに、蝦夷と呼ばれた現在の北海道・樺太などの一部や、大陸との交易が盛んに行われました。津軽の十三湊《とさみなと》（現在の青森県五所川原市十三）には百人を運べるほどの大きな船が数十艘《そう》もあったといわれます。

つまり、東北地方は質の高い文化が彩る奥州平泉を中心として、豊かな産業と国際色豊かな商業が花開く地であったのです。

この平泉の奥州藤原氏は、秦氏とのつながりがありました。秦氏は、養蚕や酒造といった産業のほか、金や銀の採掘・流通にも長けています。奥州藤原氏もまた、潤沢に産出する砂金を元手にして、国内外を相手にした交易により莫大な富を蓄えました。この平泉の姿は、のちにマルコ・ポーロの『東方見聞録』に、日本が黄金の国ジパングとして語られる要因になったと考えられます。

岩手県平泉町、奥州市、一関市の境界に位置する束稲《たばしね》山登山口付近にあるアテルイ像。まさに異形の相である。

また、そもそも東北全域には同化ユダヤ人が多く住んでいました。アテルイという蝦夷《エミシ》の族長がいますが、彼なども同化ユダヤ人だったでしょう。

東北に美人が多いという話もこれに関係しているようです。東北には日本人離れした体格の人も多く、最近だと岩手県奥州市出身の大谷翔平選手がその好例でしょう。

ところで、関東・東北にはかつて日高見《ひだかみ》国という、日本の源郷というべき国家がありました。縄文・弥生時代に、栄華を誇っていました。日高見国については、拙著『日本の起源は日高見国にあった』（勉誠出版）を参照してください。

関東・東北では太陽が信仰されていましたが、これは秦氏ユダヤ人が「太陽の上る国」を目指して東へ東へと進んだ末にたどり着いた地であることを表すものです。太陽信仰をしていた日高見国の子孫であると考えられる奥州藤原氏三代は、秦氏ユダヤ人とも関係があると言っていいでしょう。

さて、義経は東北地方で、二十二歳になるまでの約六年間、秀衡の息子たちと青年期を過ごしました。そこで、仏教や学問、馬術や武芸などを習得していったと思われます。

その経験は義経にとって、のちの源平合戦での活躍の原動力となったはずです。

のちにテムジンが採る戦法で「一ノ谷の戦い」に勝利する

治承《じしょう》四（一一八〇）年旧暦十月、伊豆の北条家へ身を寄せ、源氏再興の機会をうかがっていた兄・頼朝が挙兵したことを知った義経は、平泉を出立《しゅったつ》します。頼朝の陣地・黄瀬川《きせがわ》（静岡県御殿場市に源を発し南へ流れる河川）へ向かったのです。義経は二十二歳になっていました。

その際、藤原秀衡は家臣の佐藤継信《つぐのぶ》・忠信《ただのぶ》兄弟を、義経を守らせるために送り出します。

義経は黄瀬川で兄・頼朝と初対面します。寿永《じゅえい》三（一一八四）年には頼朝に命じられ、六兄・範《のり》頼《より》とともに、後白河法皇を幽閉した木曽義仲《きそよしなか》の討伐へと向かいます。

同年旧暦一月二十日の宇治川の戦いで木曽義仲軍を破った義経軍は、入京を果たします。そして敗走した義仲を粟津《あわづ》（現在の滋賀県大津市）の戦いで討ち取りました。

入京から約半月後の寿永三（一一八四）年旧暦二月四日、義経と範頼は、西国で勢力を回復した平氏が陣取る福原（現在の兵庫県神戸市）へ向けて京都を出立します。二月七日早朝になると、一ノ谷の戦いが始まります。

兵力は平氏が八万〜十万、源氏が約六万六千人。数字だけを見れば源氏が不利でした。しかし義経は七十騎の騎馬軍団とともに断崖を駆け下り、無防備だった一ノ谷城の裏手に突入します。それから城内に火を放ちました。突然の火災に平氏軍は混乱に陥ります。

この戦術が、テムジン（即位前のチンギス・ハーン）が断崖を駆け下り敵陣を奇襲し、皆殺しにしたエピソードに酷似している点についてはすでに述べました。

沖合の舟にいた平氏の総大将・平宗盛《たいらのむねもり》は不利を察し、幼い安徳天皇や建礼門院らとともに、平氏の本拠地となっていた屋島（現在の香川県高松市、当時は島）へ向け敗走します。

数の上での不利を奇襲により覆した義経の戦いぶりは、単なる蛮勇ではなく、事前の情報収集と高度な戦術に基づいていたと言えるでしょう。そこには奥州で馬術等の経験を積んだことも生かされていたはずです。

テムジンが採る戦法で「屋島の戦い」にも勝利する

一ノ谷の戦いから約一年後の元暦《げんりゃく》二（一一八五）年旧暦二月、義経は平氏の本拠地である屋島を奇襲します。これが屋島の戦いです。

義経はこの奇襲の準備として、摂津の水軍・渡辺党と熊野別当の熊野水軍、それに河野通信《かわのみちのぶ》率いる伊予水軍《いよすいぐん》などと交渉して味方に付けます。また、戦略を立てるための情報収集も進めました。

一方で、『平家物語』は、源氏の戦奉行《いくさぶぎょう》である梶原景時との論争を伝えています。

梶原景時は四国へ渡る船に、船尾方向への進行も可能とする逆櫓《さかろ》を付けようと提案します。しかし義経は「兵は退きたがり不利になる」という理由で反対。

梶原景時が「進むのみを知って退くことを知らぬは猪武者である」と食い下がると、義経は「初めから逃げ支度をして勝てるものか、私は猪武者で結構である」と言い返したそうです。

「逆櫓論争」と呼ばれるこのやりとりがあってから、梶原景時は義経への遺恨を持つようになります。これがのちに事実を歪曲したと見られる頼朝への告げ口につながり、頼朝による義経追討を招いたとされます。ただ、この逆櫓論争は実際にはなかったという説もあります。

屋島の戦いで義経は、山や民家を焼き払って大軍に見せかけ、平氏軍を混乱させました。ところがこのとき、平氏随一の弓の名手であった平教経《たいらののりつね》が射た矢により、義経を守ろうとした佐藤継信を失ってしまいます。

なお、この山や民家を焼き払って大軍に見せかけた戦法が、テムジン（チンギス・ハーンの前身）がナイマン族との戦いで採った戦い方に似ているのは興味深いことです。テムジンは一二〇四年のナイマン族との戦いで、たいまつを数多く灯すことで、大軍に見せかけます。それを見た敵は混乱して逃げてしまいました。

この件も、義経がチンギス・ハーンになったのではないかと思わせるエピソードです。

義経を守ろうとして命を落とした佐藤継信の話に戻りますが、藤原秀衡から預かった継信を失った義経は涙を流し、継信の供養をしてくれた僧に後白河法皇から賜《たまわ》った名馬・大夫黒《たゆうぐろ》を布施として与えました。これを見たほかの家臣たちは、義経のためなら命を失っても惜しくないと感涙したということです。

その後、源氏の主力軍が到着し、平氏は長門（現在の山口県）へと退きます。義経による事前の情報収集と奇襲攻撃の妙、不退転の決意、それに家臣を思う気持ちがあってこその勝利であったと言えるでしょう。義経は根っからの武人としての能力を持っていました。

潮流変化を読み切り「壇ノ浦の戦い」に勝利

屋島の戦いの一ヶ月後の旧暦三月二十四日、壇ノ浦の戦いが始まりました。義経率いる源氏軍約八四〇艘と平知盛率いる約五百艘は下関近くの海上、壇ノ浦で激突します。ときに義経二十七歳の春でした。

開戦は正午頃といわれます。緒戦で壇ノ浦の潮流は西から東へ向かい、平氏軍はその流れを利用して源氏軍を追いやっていきました。

しかし、午後三時頃に潮流は東から西へ向かうように反転。源氏軍はこの勝機を逃さず平氏軍を激しく攻め立て圧倒し、たちまち形成が逆転します。用意周到な義経のことですから当然、その海域の潮流がその時間に反転することを知っていたはずです。

やがて、平氏軍の舟は壊乱状態となります。敗北を悟った平氏一門は武将や女性たち、また擁していた安徳天皇や皇族も含め、次々に海へと身を投げました。

このときの逸話が「義経の八艘飛び」です。平氏の勇将・平教経は長刀《なぎなた》で義経を討とうとしますが、義経は舟から舟へと鮮やかに飛び移り去ったというエピソードです。

なお、壇ノ浦の戦いでは、梶原景時と義経の先陣争いもありました。先陣に立とうとする義経に対し、梶原景時は「大将が先陣など聞いたことがない。将の器ではない」と愚弄し、斬り合い寸前までいったというのです。

こうした梶原景時と義経の対立は源平合戦の中で繰り返されます。このことが頼朝によるのちの義経追討へつながったと思われます。

義経は、類まれな戦いの才能、勇猛果敢さ、家臣を思いやる人間性により、家臣からの篤い信頼を得て難局を切り拓きました。このことはのちのチンギス・ハーンの活躍を考える上でも重要な点です。

一方で、その才は鎌倉の頼朝にとっては脅威でもありました。後白河法皇の信頼を義経が得ていたことも頼朝を警戒させたはずです。

義経は後白河法皇の命で検非違使《けびいし》に任官し、京都の守護・治安維持に当たります。しかし、頼朝の許可を得ずして直接官位を受けたことで、頼朝の不興を買ったとされます。

屋島の戦い、壇ノ浦の戦いで大きな戦功を立てた義経でしたが、対立していた梶原景時は「義経は戦功を自分一人の手柄であると考えている。兵たちも彼を恐れており、私が諫めようとしてもかえって恨みを買い、刑を受けそうなほどだ」といった内容の書状を頼朝へ送りました。

結果的に、義経は源平合戦で活躍した身でありながら鎌倉入りを拒否されることになります。

元暦二（一一八五）年旧暦五月、義経は鎌倉に近い腰越《こしごえ》で頼朝の側近・大江広元《おおえのひろもと》に、自身の潔白を訴えるいわゆる「腰越状」を託します。しかし、その願いは受け入れられず、失意の義経は京都へと引き返します。

本当に衣川館で死んだか

文治元（一一八五）年旧暦十月、京都へ戻っていた義経を討伐するため、頼朝は土佐坊《とさのぼう》昌俊《しょうしゅん》を送り込みますが、襲撃は失敗。

この事態に際し、義経は後白河法皇に奏上し、頼朝討伐の院宣を発してもらいます。しかし、義経に賛同する勢力は少なく、今度は逆に法皇が義経追討の院宣を発します。

頼朝が軍を率いて義経追討に出立すると、義経は約三百騎を率いて摂津国の大物浦《だいもつのうら》（現在の兵庫県尼崎市）から九州へと船出しました。

ところが、暴風雨により船は難破。義経はわずかな家臣とともに雪の降り積もる吉野へ向かいます。これが、文治元（一一八五）年旧暦十一月のことです。

なお、吉野へは側室の静御前も同行しましたが、身ごもっていたため義経は彼女を京都に帰します。しかし、その途中で静御前は僧兵に捕らわれ、母・磯禅師とともに鎌倉へ送られることになります。

それが義経と静御前との永久《とわ》の別れとなりました。

静御前と別れた義経一行はその後、京都周辺に潜伏。ときには山伏などを装って頼朝の追っ手から逃れ、最終的に奥州平泉へ向かいます。義経の正室・郷御前《さとごぜん》と娘も同行していました。

かくして、文治三（一一八七）年のいずれかの時点で、奥州平泉にたどり着き、奥州平泉の藤原秀衡に保護を求めます。

秀衡は、頼朝の勢力に対抗するため、義経を将軍にすることを画策していました。しかしそんな折、義経の平泉入りから約九ヶ月後の文治三（一一八七）年旧暦十月二十九日に、秀衡が病のため死去してしまいます。秀衡は三人の息子たちに、義経を主君として仕え、三人で力を合わせて頼朝の攻撃に備えるよう遺言しています。

一方、鎌倉の頼朝にとって秀衡の死は、奥州藤原氏を揺さぶり義経を差し出させる絶好の機会と映りました。

そこで、頼朝は朝廷を介して、泰衡に対し義経の捕縛を強く求めます、文治五（一一八九）年旧暦二月以降、朝廷へ泰衡追討の宣旨《せんじ》（天皇・太政官から命令を伝達する文章）を出すよう繰り返し要請したのです。

その結果、ついに泰衡はその圧力に屈して、同年旧暦閏四月三十日に五百騎の兵により義経のいた衣川館《ころもがわのたち》を襲撃。義経の家臣たちは討たれ、義経は正室・郷御前と四歳の娘を殺害した後に自害して果てたとされます。

その後、泰衡は義経の首を鎌倉側へ差し出しますが、結局、頼朝が自ら率いる大軍に攻め込まれて奥州藤原氏はあっけなく滅亡しました。

アイヌの〝神〟となった義経

以上のような〝正史〟として語られる歴史に対し、義経は平泉で自害したのではなく、実は北方へ逃亡し北海道を経由して大陸へ渡ったという話もずっと以前からあります。これは「義経北行《ほっこう》伝説」と呼ばれてきました。

次に、義経が大陸へ渡った経路とチンギス・ハーンになってからの流れを解説しましょう。また、なぜ彼はモンゴルの覇者になろうとしたのか、なぜそれが可能だったのかという点についても考察します。

東北各地には義経が立ち寄ったとされる伝承がそこかしこに残されています。

例えば、平泉以北の東北各地には義経を意味する「判官」という官位名を冠した判官堂や判官稲荷神社、判官山があるほか、そのものずばりの義経寺などが、義経がそこを訪れた物証として存在しています。

さらに北方の北海道では先にも紹介した通り、寛文七（一六六七）年に江戸幕府の巡見使一行が、アイヌによる半神半人の英雄「オキクルミ」の祭祀を目撃しました。松前藩の役人にオキクルミとは何かと聞いたところ、「判官殿のことを申しまする」という答えが返ってきたという話が伝わっています。

源義経とアイヌの人々を描いた絵馬（「アイヌ風俗絵馬」市立函館博物館所蔵）。左の人物の鎧に笹りんどうの紋が入っていることから義経だとわかる。

松前藩の役人は、「蝦夷地（北海道・樺太）には判官殿（義経）の屋敷跡が多数残っている。さらに奥地（樺太・シベリア）へ行ったという伝承もある。奥には弁慶崎なる岬がある」とも語ったそうです。

また、北海道の平取町《びらとりちょう》には義経に関する伝承が残されており、その縁で後世に義経神社が創建されました。この神社のご祭神は「源九郎判官義経公」です。

義経は、北海道へ渡ると平取のアイヌの酋長のもとに定住したとされています。そして農耕・狩猟・造船などの技術を伝授して、アイヌの人々から尊敬を集めました。「ホンカンカムイ」と呼ばれ、神格化された存在となりました。

〝平泉での自害〟の一年以上前に出立していた

では、義経一行は平泉からいつ、どのようなルートで北海道へ、さらには大陸へと渡ったのでしょうか。

『吾妻鏡』の記述によると、義経は平泉で藤原泰衡の裏切りにより襲撃を受け、文治五（一一八九）年旧暦閏四月三十日に、正室と娘を殺した後に自害したとされています。

このときの襲撃を衣川の戦いといいますが、「義経＝チンギス・ハーン」説の研究者の一人である佐々木勝三は、その戦いの一年以上前に義経は北方へ向けて旅立っていたと主張します（14ページの地図を参照）。

三十年以上かけて義経北行伝説の事跡を実際に訪ね歩いて調査し、『義経伝説の謎』などの本を著した佐々木勝三が、自身の主張の根拠として挙げるのが、「亀井文書」と呼ばれる借用証文です。

亀井文書には五通の写しが存在し、そのうちの一つが原本を忠実に写したものであるとされています。内容は、蝦夷地へ渡るので糧米《りょうまい》を借用したいというもので、日付は文治四（一一八八）年旧暦四月十八日。義経、武蔵坊弁慶、亀井六郎重清の連名で、平泉近くの村の農民「惣平」に宛てて書かれたものとなっています。

この証文が本物なら、義経一行は衣川の戦いの一年以上前に平泉を出立していたことになります。さらに佐々木勝三は、岩手県下閉伊郡《しもへいぐん》山田町の関口集落で見せられた古文書「佐藤氏之系図」を『義経伝説の謎』などで紹介しています。そこには、義経の軍師・佐藤庄司基治の三男である佐藤豊前信政が、平泉から逃れてきた義経にその地の案内をしたと書かれていたといいます。日付は文治四（一一八八）年旧暦九月となっており、これについて佐々木勝三は「四月あるいは五月に平泉を出て、九月に山田方面に来たことは不自然ではない。むしろ、辻褄が合う」と述べています。

移動ルート沿いに残る「判官」「九郎」の伝承

そのほか、岩手県気仙郡にある判官山の別名「黒山」は、もともと「九郎山」だったのだろうと佐々木勝三は推測していますが、私もその通りだと思います。義経は義朝の九男であったことから

「九郎」とも名乗っていたからです。日本の地名は、読み方を変えると別の意味が出てくることがよくあります。

さらに、岩手県宮古市には判官館跡がありますが、この館の別名「黒館」も「九郎」に由来するのでしょう。

義経一行の移動ルートは伝承の形でも残っています。『岩手県郷土史』には「東鏡《あずまかがみ》に源義経高館にて自刃するとあるも、この地の伝説によれば、義経は六角牛山を越えて今の大槌町に至り、ここより北方に落ち延びしと云う」とあるといいます。

さらに、岩手県江刺《えさし》郡（現在の奥州《おうしゅう》市）の『江刺郡志』（岩手県教育会江刺郡部会、大正14［1925］年刊）には「（義経は）東海岸を伝いて八戸より蝦夷地に渡り」という記述があります。

佐々木勝三は、岩手県紫波《しわ》郡紫波町にある判官堂に残された、義経ゆかりのご神体と家伝について次のように伝えています。

東北本線の盛岡から南五つ目の駅に、日詰という駅がある。このあたり、紫波町と呼ばれる。

ここの旧赤沢村判官堂の判官神社には、義経の脇差の〝天国〟の名刀と、義経が弓の的場を造って練習したときに用いた弓とが、ご神体として祀られている。

ここの別当の大角小左衛門氏の家伝によれば、

「義経様のことについては、いわば語るな、語らばいうな」

と固く秘密にしてきたのだという。

さらにまた、

「義経様は釜石のほうへ出て、そこから八戸へ行った」と語りつがれ、義経が東夷に入ったことを伝えている。(『義経伝説の謎』より)

東北〜北海道の伝承地をたどる

小谷部全一郎について書いた本『義経伝説をつくった男』の著者である土井全二郎氏は、佐々木勝三が訪ね歩いた義経の足跡をわかりやすく整理しています。これを見ると、点と点をつなぐルートが浮かび上がってきます。

代表的なものをピックアップして表にまとめてみました(土井全二郎著『義経伝説をつくった男』より一部を引用しつつ、わかる範囲で最新情報を加え、表にした)。

〈岩手県内〉

地名・建物名等	場所	エピソード
観福寺《かんぷくじ》	一関市大東町	義経一行が宿泊した寺。家臣の亀井六郎重清が残したといわれる「箙《えびら》」が伝えられている。
弁慶屋敷跡	江刺市田原	弁慶が住んだことがある屋敷。落ち延びる際にも立ち寄り、「粟一升」を借りたとされる。「弁慶洗足の池」もある。
判官山	気仙郡住田町大股	姥石峠越えの一行が野宿したと伝えられる。
「風呂」家	遠野市細越	主従が風呂をもらって汗を流した。以降、同家は「風呂」の姓を名乗った。屋根瓦にも「風呂」文字が見られる。
駒形神社	遠野市板沢	義経の愛馬が疲労で倒れた場所で、その霊を祀った。
中村判官堂	釜石市橋野	笛吹峠を越えた一行が一泊したと伝えられる。判官堂があり、大正時代の作とされる義経石像がある。
法冠神社	釜石市室浜	一行が大槌代官所を避け、船で船越へ渡るため滞在した。法冠の名は判官に由来するとされる。明治二十年焼失。現在は石の祠が建っている。

宮ノ口判官堂	上閉伊郡大槌町宮ノ口	一行が野宿したところ。かつては判官堂とキャラの大木があった。現在は代わりに植えたキャラの木と洞窟がある。
判官神社（判官大権現）	川井村箱石	義経を大権現として祀った神社。別当の山名家宅には一行が残したとされる仏像が残っている。
判官堂	新里村日陰平	一行が立ち寄ったことから地元が神社を造り、義経の無事を祈った。
判官家	山田町大沢	義経の父・義朝の家臣だった橋ノ政道を頼って立ち寄り、箱石家に逗留した。
長沢判官堂	宮古市長沢	祭神は義経で、鎧姿の石像がある。
判官神社	宮古市津軽石	一行の立ち寄り先で、衣冠束帯でヒゲを生やした馬上姿の義経像がある。
判官稲荷神社	宮古市沢田	義経の甲冑を埋めてご神体としている。ここの「判官稲荷縁起」には、義経が逗留した、と記されている。
黒森神社	宮古市黒森町	一行が三年三ヶ月滞在し、義経は般若経を写経して奉納した。黒森は、「九郎」の名に由来するとも伝えられている（佐々木勝三は、三年余の滞在は長すぎるとし、よく忍耐したという意味の「三年三月」であろうか、としている）。

黒森神社社殿

宮ノ口判官堂

龍飛崎（三厩村）

種差海岸そばの熊野神社（八戸市、VISIT HACHINOHE のサイトより）

〈青森県内〉

地名・建物名等	場所	エピソード
種差《たねさし》海岸	八戸市	義経主従は岩手・侍浜から海路を利用し、青森県の種差海岸に上陸したともいわれる。浜に一行が上陸後に休憩したと伝えられる熊野神社がある。
長者山新羅《しんら》神社	八戸市長者	義経の家臣・板橋長治が事前に脱出ルートを探す目的でやってきて居を構えていたところ。当初は長治山といわれていたらしい。新羅神社には義経と新羅三郎が祀られている。
おがみ神社	八戸市内丸	義経と一緒に逃げてきた正妻（京の公家・久我大臣の娘）が亡くなり、ここに葬られた。医師が老人の先祖の話を書き取ったとされる「類家稲荷大明神縁起」という古文書が所蔵されており、平泉を脱出した義経一行がここに到着し、滞在した経緯が記されている。
小田《こだ》八幡宮	八戸市河原木	義経が写経したといわれる大般若経が社宝として保管されている。義経が鞍馬から持参したとされる「毘沙門天像」が保管されている。
白銀地区	八戸市白銀町	種差海岸に上陸した一行が一時かくまわれていた地域。源治囲内《かこいない》という地名が残っている。「判官」の苗字を持つ家もある。

義経寺《ぎけいじ》	旧三厩村家ノ上	蝦夷渡りを願う義経が、三日三晩、荒れ狂う海を前に観音像に祈ると、三頭の龍馬が現れ、無事に渡ることができたという言い伝えが残っている。その観音像を内部に納めているとされる円空仏が寺に安置されている。
龍飛《たっぴ》崎	旧三厩村	津軽半島最北の地。義経が龍馬に乗り、ここから蝦夷に向けて飛び立ったという伝説がある。

平取の義経神社

土井全二郎氏は北海道における義経伝説の分布が百ヶ所以上にわたるとしつつ、北海道上陸後のルートについては多くを語りません。

それは、文字を持たないアイヌが口伝で語り継いでいく過程において、外部から入ってきた伝承が混じってしまう可能性や、和人との意思疎通における誤解や曲解、和人に迎合した発言の存在などを考慮してのことでした。

それを前提とした上で土井全二郎氏は、小谷部全一郎が『成吉思汗ハ源義経也』に収録したアイヌ古老による伝承を紹介しています。

「昔、判官は沙流《さる》（日高・沙流川）の河港に上陸し、平取のハイヌサウシと云ふ処の丘の上に砦を築きて居り、吾々の祖先に弓矢にて鳥獣を捕り、網にて魚を漁る法を伝え、また手工農作の事を教へたるより、判官を命の親として神に祀るなり。判官は後に樺太《からふと》に攻《せめ》入りアイヌに仇《かたき》する酋長を殺し、彼処よりクルムセの国に渡りたる云々」（土井全二郎著『義経伝説をつくった男』より）

義経神社（平取町、義経神社の公式サイトより）

この伝承に登場する平取とは北海道沙流郡平取町のことで、ここには先にも紹介した義経神社があります。神社の境内は小高い丘「義経山」にあり、丘全体が「義経公園」と呼ばれています。

土井全二郎氏は、『成吉思汗ハ源義経也』にある、「蝦夷伝説に曰く、昔、判官は金色の鷲《わし》を追いてクルムセ国に行きたり云々」という一節にも着目し、〝クルムセ国〟はアイヌの言葉で千島列島を意味しているため、大陸とは逆方向に行ったことになる点が疑問だとしています。

しかし、そこまで細かい点にこだわる必要はないでしょう。他の伝承もあわせて考慮すれば、義経が大陸に渡ったことは間違いないと思います。

土井全二郎氏は、「金色の鷲」とはアイヌが矢羽根に使う鷲羽と関係しており、その鷲羽はシベリアのバイカル湖周辺やオビ川のほとりに産するものを指すとも説明します。つまり、当時のシベリア地方は満州部族・女真が建国した国家「金」の支配下にあったことから、「金色の鷲を追いて」という一文は、義経一行がシベリアへ向かったという意味ではないかと推測していますが、そちらの推測の方が正しいでしょう。

明治〜大正期の義経神社（平取町）

松前の義経山欣求院に上陸したか

二〇二一年に出版された田中良一氏の『義経は成吉思汗に！』（鹿児島学術文化出版）では、これまでの「義経＝チンギス・ハーン」説で提示された論点を整理しつつ、北海道以降のルートにつ

弁慶岬に立つ武蔵坊弁慶像（寿都町のサイトより）。奥州を逃れた義経・弁慶一行は蝦夷地に渡り、この地に滞在した。弁慶は、毎日この岬の先端に立って同志の到着を待っていたが、再会することはできなかった。そんな弁慶の姿を見ていたアイヌの人たちはいつしかこの岬のことを「弁慶岬」と呼ぶようになったという。

いても推測しています。

田中良一氏もまた、佐々木勝三のように東北や北海道における義経の足跡をたどり、東北と北海道を踏査したそうです。

同書などを参考にして、北海道以降のルートをたどってみましょう。義経一行は文治四（一一八八）年旧暦四月に平泉を発ち、夏過ぎに八戸に到着します。そこで、ひと冬を過ごし、文治五（一一八九）年旧暦二月頃に八戸を出立したようです。

青森から十三湊（現在の青森県五所川原市十三）へ向かった後、旧暦五月になり、津軽半島最北端の三厩《みんまや》へ移動します。同月十二日に船出して、その日のうちに北海道の松前に到着したと思われます。

松前にはかつて義経山欣求《ごんぐ》院という寺がありました。そこでは義経一行が無事に津軽海峡を越えたことを感謝してお堂を建て、千体の仏像を作って奉納したという寺伝があります。

北海道各地の義経に関する伝承を参考にすると、次のルートを採ったと考えられます。

○松前から江差を経由して寿都《すっつ》へ。
○寿都から弁慶らが先遣隊としてサハリンを経由して大陸へ。
○残った義経一行は洞爺《とうや》湖畔から門別、新冠《にいかっぷ》、平取へ。
○日高から釧路市、斜里町（知床半島西岸）、岩内へと進み、積丹《しゃこたん》半島、小樽、増毛《ましけ》へ。
○増毛から船に乗り樺太へ。

なお、義経の伝承は主に北海道の西側一帯に集中して存在しています。その点も、事実を伝えるものであることをうかがわせます。

不落の洞窟（岩内町、写真は岩内観光協会のサイトより）。アイヌ酋長チパがここに財宝を隠したと伝わる。岩内に来た義経は、雷電の山中でアイヌの酋長チパの襲撃に遭って囚われの身になるが、アイヌの人々は義経一行を介抱した。春になると義経一行は村を出ていくことになった。
酋長チパの娘メヌカは義経に恋をしたが、義経は「来年来る」といって大陸へと渡ってしまった。「らいねん」がなまって雷電という地名になったという。

第4章

大陸に渡ってからの天神《テムジン》＝義経の活躍を追う

大陸で「天皇」を目指したか

それにしても、源義経はなぜ大陸へ渡ったのでしょうか。単に鎌倉の追っ手を振り切るのが目的だったなら、当時であれば北海道に渡れば十分だったでしょう。あえて大陸に渡ったのは、やはり大望があってのことでしょう。

そもそも律令制に基づく日本では、実力で獲得した〝権力〟ではなく、家柄など先天的な要素によって決まる〝権威〟の方が重んじられました。

朝廷の権威である後白河法皇と、源氏の権威である源頼朝から追討令を出された義経は、誰よりもそれを痛感したはずです。たとえ平家討伐を成し遂げた英雄であっても、権威ある存在の鶴の一声で追討対象となるということが痛いほどわかったでしょう。

そこで義経は、思い切って大陸に渡り、武士として自身の武を示すことで、権力も権威も得られると考えたのではないでしょうか。義経一行の移動ルートを見ても、逃げ惑うのではなく確かな目的を持って動いているように見えます。

義経が大陸に渡ったとして、どうして満州あたりにとどまらず、内陸のモンゴル高原まで進出したのか。それは、かつてモンゴル高原東部を拠点としていた遊牧民族・鮮卑《せんぴ》が華北を統一し、北魏を建国したことが関係していると思われます。

鮮卑が中国を獲れるのなら自分にもできると野心を抱き、勇猛な騎馬民族が群雄割拠するモンゴル高原へ向かったのでしょう。

つまり、義経は大陸で「天皇」のような存在になりたかったのではないか。清和天皇から発した清和源氏である彼なら、そういう思いを持ったとしても不思議ではありません。

そして、モンゴル皇帝チンギス・ハーンこそが、義経がその地で「天皇」になった姿だったと私は考えるのです。

『高麗史』に残る〝モンゴルの天皇〟への一文

朝鮮の高麗王朝（九一八〜一三九二）の歴史を記した『高麗史』には、興味深い記述があります。

高麗はもともとモンゴルには従ってこなかった国でしたが、チンギス・ハーンの時代に一転して従属するようになりました。そして、チンギス・ハーンについて「君主は天であり父母であります」と記しています。

「天であり父母である」という表現は、大陸における皇帝ではなく、日本の天皇を連想させるものです。

さらに、次のように恭順の意をつづっています。

伏して皇帝陛下にお願い申し上げたいのは、天地父母の慈しみをもって小邦（高麗）に二心が無いことをご理解くださり、軍隊を引き返して末永く小国を保護してくださいますならば、私ども（高麗）はさらに努力して誠を尽くし、毎年土産物をお送りして赤誠の心をあらわし、ますます皇帝のお命が永遠に続くことを祝します、これが私どもの志でございます。（『高麗史』巻第二十三、高宗十九［一二三二］年冬十一月）

わが国は蒙古大国に臣事することがもう何年にもわたっています。皇帝の仁徳は明らかであり、天下を一家とみなして遠近の差をつけることもなく、日月が照らす所はみんなその徳を仰いでいます。（『高麗史』世家第二十六、元宗八［一二六六］年八月）

これらはまるで、〝モンゴルの天皇〟へ送った文章であるように読めます。日本の隣国の高麗は、日本の天皇のような存在がモンゴルの皇帝になったことを見抜いていたのかもしれません。

先ほども述べたように、源平合戦の英雄となった義経には、天皇の座に就きたいというひそかな思いがあったものと思われます。しかし、日本でその思いを漏らしたなら朝敵扱いされ、総出で追討されるでしょう。

一方、大陸であれば強い者が皇帝となることに異を唱える者はいません。強者こそが正義なのです。

朝敵として追討対象となった義経は、大陸で一からやり直し、勇猛な遊牧民族を率いる〝モンゴルの天皇〟を目指したのではないか。私はそう考えています。

道真に重ね合わせ「天神《テムジン》」と名乗った

すでに述べたように、チンギス・ハーンがモンゴル高原を制覇する以前に使っていた「テムジン」という名は、義経が自身を「天神」と名乗ったことから来ているのでしょう。テムジンは漢字では「鉄木真」と書きますが、そのような名前はもともとモンゴルにはありません。漢字の組み合わせを見ても、特に意味のない当て字という感じがします。

この名について歴史家らは、チンギス・ハーンの父であるイェスゲイと戦って捕虜とされ、処刑されたタタル部族の首長「テムジン・ウゲ」の名から採ったと説明しています。

しかし、処刑した敵の名前を息子の名前とするというのはどうにも無理のある話です。ここはやはり、「テムジン＝天神」と考えるのが一番すっきりします。「天神」には天津神《アマツカミ》という意味があります。しかし、義経が自身でそう名乗ったのであれば、菅原道真を指す語としての「天神」なのでしょう。

道真は、対立者によって偽りの内容の告げ口をされ太宰府へ左遷されます。左遷といっても俸給はないため事実上の流刑、あるいは緩慢な死罪であったでしょう。事実、その二年後に死去しています。

こうした道真の境遇を義経が自分自身に重ね合わせ、「天神」を名乗ったとしても不思議ではありません。

なお、道真は死後に祟りを恐れられ神格化されるようになり、天暦《てんりゃく》元（九四七）年には、北野天満宮（京都市上京区）で神として祀られるようになりました。道真を祭神とする天満宮は全国に存在しており、これもまた義経神社や義経寺で義経が祀られていることに重なってきます。

大陸での移動ルートをたどる

義経がいた時代、津軽半島の十三湊は蝦夷地（北海道・樺太）や大陸との交易の拠点港となっていました。しかし、伝承から推測される義経一行の動きを見る限り、十三湊から大陸へ渡った形跡は見られません。

これについて前掲『義経は成吉思汗に！』（田中良一著）では、日本海の横断は当時危険性が高かったため、陸地を見ながら船を進められるルートを選択したのではないかと推測しています。私もその見方に同意します。

北海道を離れてからのルートとして、弁慶らの先遣隊は、

○北海道から樺太へ。
○樺太から間宮海峡を渡り大陸のアムール川（黒龍江）河口へ。
○船で上流を目指し南西八〇〇キロ先のハバロフスクへ。
○ハバロフスクからアムール川支流のウスリー川を南へ下りナホトカ方面へ。

という移動経路を採ったのでしょう。

一方、義経一行はアムール川河口に到着した後、沿海州沿いに南へ移動し、ナホトカ近くの現在「ハンガン」と呼ばれている岬から上陸しています。現地の部族との戦いと融和を経て、ナホトカの北東一二〇キロの地、蘇城《スーチャン》へ向かったのでしょう。

小谷部全一郎の『成吉思汗ハ源義経也』に、蘇城の古城遺跡について述べられていることは第1章で触れました。そこには「難を逃れ日本を離れてこの地にやってきた武将が城を築いた」「武将はのちに城を娘に任せ、自らは内陸へ攻め入って大王になった」という伝承があります。

おそらくこのナホトカあたりで先遣隊と合流したのでしょう。

義経一行の規模については、私はもともとの家臣のほか、藤原泰衡から借りた三百騎も擁していた可能性を考えています。

その後の義経一行の移動ルートは、

○ニコリスク（現在のウスリースク）を経由してウスリー川を上がり、ハバロフスクへ。
○さらに、アムール川（黒龍江）上流を目指して西へ。
○ヘイホー（黒河）から南西へ向かい満州北西部・チチハルへ。

○大興安嶺山脈を越えてモンゴル高原へ。

だったと考えられます（15ページの地図参照）。

ハバロフスクの笹りんどう紋の人形をご神体とする神社

小谷部全一郎は、ニコリスク郊外で源氏の家紋を思わせる笹りんどうの紋が刻まれた〝義将軍の古碑〟を見たと、『成吉思汗ハ源義経也』に書いています。さらに、同書でハバロフスクにあるという〝日本式の神社〟についても記しています。

雙城子（ニコリスク）の古碑に笹竜胆を刻しありと云ひ、ハバロフスクの博物館には其の地方より発掘せりといふ日本式の古き甲冑の一部及び笹竜胆と木瓜《もっこう》の紋章ある朱塗の古き経机《きょうづくえ》ありといひ、或《あるい》はハバロフスクに以前義経を祀りし神社ありしといひ、興安嶺にも日本式の神社あるなど、一々枚挙に辺あらず。（ルビは引用者が振った。以下も）

ニコリスクの古い碑に源氏のシンボルである笹りんどうが刻まれていて、ハバロフスクの博物館にはその地方から発掘した日本式の古い甲冑の一部と、笹りんどうと木瓜の紋章のついた朱塗りの古い経机があったというのですから、事実とすれば驚くべき話です。

さらにハバロフスクには以前義経を祀った神社があったほか、興安嶺にも日本式の神社があるというのですから、義経がその地で活躍したと考えていいでしょう。

続けて小谷部全一郎は〝日本式の神社〟について、内藤家の旧藩士・栗山彦三郎という人物の証言を紹介しています。

当時ハバロフスクに土人の崇拝する日本式の神社ありて、土民即ち支那山丹人等は、これを「源義経」の廟と称しゐたりと。栗山氏は部下と倶《とも》に、或日人無き機会を窺ひ、廟内に忍び入り、神體を撿《けん》するに、笹竜胆の紋ある日本式の甲冑を着けたる武者の人形なりきと。

驚くべきことに、日本式の神社は「源義経」の廟と呼ばれ、源氏の笹りんどう紋がある日本風の武者人形がご神体だというのです。この証言が事実なら、ハバロフスクにもチンギス・ハーンとなった義経が訪れたか、義経の活躍が伝わっていたのでしょう。

しかも義経が神格化されているということは、チンギス・ハーンが義経であることも、当時の人々にはすでに知られていたのでしょう。

天神《テムジン》の〝生い立ち〟は創作である

一般的に信じられている歴史では、チンギス・ハーンはモンゴル部族の中の有力氏族キヤト氏の首長の一人であるイェスゲイの長男として生まれ、テムジンという名を与えられたとされています。しかし、当時モンゴルには文字がなかったため、伝えられている歴史は同時代に記録されたものではありません。

チンギス・ハーンの歩みに関しては、口承で伝わった内容が後世に『元朝秘史』や『集史』といった歴史書として編纂されています。『元朝秘史』は十三世紀から十四世紀前半に成立し、『集史』は十四世紀前半に成立しています。

つまり、少なくともモンゴルで台頭する以前のテムジンの生い立ちについて、歴史書の記述はあまり信用できないと考えるべきでしょう。

事実、若い頃のテムジンについてはあいまいな記述が多く、例えば出生年という最重要な情報についても、歴史書によって「一一五五年」「一一六二年」「一一六七年」とバラバラです。おそらくチンギス・ハーンとして台頭した頃の彼の容姿から、生まれた年を推測したものでしょう。

ちなみに、源義経は一一五九年生まれですから、チンギス・ハーンとなった彼の容姿を見て出生年を推測したとすれば、辻褄が合います。

少年期や青年期のテムジンについては、父・イェスゲイが毒殺された話や、妻をさらわれ、それを奪還した話などが歴史書に伝わっています。しかし、いずれもできすぎた作り話のように見えることから、後世に創作されたものでしょう。

また、一一八九年頃に、テムジンの勢力とジャダラン氏族のジャムカの勢力が戦う「十三翼の戦い」が勃発したと記録されていますが、テムジン側勢力の兵数が『元朝秘史』では三万、『集史』では一万三千と、かなり相違しています。

さらに、勝敗についても、『元朝秘史』ではジャムカ側の勝利、『集史』ではテムジン側の勝利と、真逆の内容が記述されています。

このように、モンゴルにおけるテムジンの記録がある時点まで非常に不確かなのは、その頃はまだ「義経＝テムジン」がモンゴルに到達していなかったためです。

『元朝秘史』や『集史』を編纂した歴史家たちは、突如モンゴル高原に現れて瞬く間に一帯を平定し、大帝国を作り上げた謎の多い人物の前半生の扱いに困ったのではないか。それで創作を盛り込んだものと思われるのです。

天神《テムジン》の性格にかいま見える日本人らしい徳性

歴史書の記述で興味深いものの一つは、モンゴルにおける仏教の歴史を記した『蒙古喇嘛教史《もうこらま》』にある不可解な記録です。『義経は成吉思汗に！』著者の田中良一氏の説に従い、真実を解き明かしてみましょう。

『蒙古喇嘛教史』には、テムジンが一一九〇年に満州女直ワンスンとアムール川河口近くで戦い、次に一一九二年に高麗チャガンとウラジオストク近くで戦ったとあります。

普通に考えれば、テムジンがモンゴル高原を離れて大陸の東端まで遠征することなどあり得ません。それほど離れた地にいる勢力が脅威になることはなく、戦う理由がないからです。

さらに、この時点でテムジンはまだモンゴル高原を平定しておらず、遥か彼方の地へ遠征すれば、自身の領土が周辺部族から侵略されてしまうのは必至でしょう。『蒙古喇嘛教史』のこの箇所は、どうにも辻褄の合わない不可解な記述なのです。

ところが、一一八九年に平泉で自害して果てたとされる義経が実は生きていて、大陸に渡ってすぐの頃に戦った記録であると考えると、逆に辻褄が合います。

つまり、テムジンがモンゴル高原を遠く離れてそれらの戦いに臨んだのではなく、義経がそれらの戦いを経て最終的にモンゴル高原に達し、テムジンを名乗ったと考えればおかしなところがなくなるわけです。

『蒙古喇嘛教史』の原本は十八世紀〜十九世紀初頭のいずれかの時点で書かれたものと見られます。歴史書としては新しいため、過去の口承をまとめたものと思われます。

しかしながら、普通に考えてあり得ない、テムジンの大陸東端への遠征が記録されている点が、かえってその口承の正確性をうかがわせます。作り話であれば、そうした突飛すぎる内容は盛り込まれないはずだからです。

『元朝秘史』や『集史』におけるテムジンの前半生の記述が作り話だとして、ではどこからが史実なのでしょうか？

義経は一一九五年頃にモンゴルに現れて、テムジンとなったのでしょう。つまり、『元朝秘史』や『集史』における一一九五年以降の「テムジン」の記録は、「義経」の記録と考えていいでしょう。

モンゴル入りした義経一行は、そこでケレイト部族の首長オン・カンと同盟を結びます。オン・カンは部族内の権力争いで敗走している際にテムジンの庇護《ひご》を受け、その助けによりケレイトの首長（カン）へと返り咲きました。

テムジンの使者からの手紙を受け取るオン・カン［中央］（マルコ・ポーロ『東方見聞録』より）

オン・カンが最初に会いに来たとき、テムジンはすぐに面会したそうです。こうした気前のよさに、義経の日本人らしい徳性を見る思いがします。

一一九六年、中国の金朝がモンゴル高原東部のタタル部族征伐に乗り出したところ、テムジンとオン・カンはそれに協力し勝利します。この戦いは金朝側の歴史書に記録されています。つまり、テムジンの存在について記録された最初のものということになります。

大国である金朝から援助を得られるようになったテムジンは、一一九七年にモンゴル高原北方のメルキト族を撃破します。さらに、オン・カンのケレイト部族との同盟により、一一九九年にモンゴル高原西部のアルタイ山脈方面のナイマン族を制圧しました。そして、一二〇〇年にはケレイト部族とともに、モンゴル部族内のタイチウト氏族を下し、大興安嶺方面のタタル部族を撃破しています。

その後、一二〇一年から翌一二〇二年にかけて、テムジン率いるキヤト氏族とオン・カン率いるケレイト部族に対抗する、モンゴル高原の諸勢力が同盟して攻めてきました。しかし、テムジンとオン・カンは、これらをことごとく打ち破ります。

こうした戦いにおいて、テムジンと義経には戦術や軍の組織の仕方などで重なるところが多いのです。この点でも、テムジンと義経は同一人物であることがうかがえます。

例えば、テムジンが一二〇四年のナイマン族との戦いで、たいまつを数多く灯すことで、大軍に見せかけた点が、義経の屋島の戦いで採った戦法と似ていることは、すでに述べました。

またテムジンは間諜者《かんちょう》（スパイ）を上手に使い、敵情を探らせて情報を得ると、それを奇襲作戦に生かしたりもしました。このように、しっかり情報収集をし、さまざまな戦略と戦術に通じており、奇襲作戦を得意とする点なども、テムジンと義経の共通点でしょう。

さて、モンゴル高原の諸部族は勇猛果敢なリーダーが出ると一応はまとまりますが、基本的には個々がバラバラに動きがちで組織化の難しい民族性です。そこをまとめあげ、見事に連戦連勝したテムジンのリーダーシップは、やはりモンゴル人というよりは日本人のリーダーシップではないかと思えるのです。

天神《テムジン》は寛容で気前の良い性格だった

ケレイト部族を率いるオン・カンとの同盟により、テムジンはモンゴル高原における支配領域を広げていきます。しかし、一一九九年頃からその蜜月関係にひびが入ります。

一一九九年、テムジンとオン・カンはナイマン族との戦いの際に別々の場所で野営をします。このとき、テムジンに反感を持っていた、モンゴル部族ジャダラン氏族の首長ジャムカが、オン・カンに接触します。

ジャムカはオン・カンに対して、テムジンへの疑念を植え付け、テムジンを置き去りにして逃げるよう勧めました。その結果、オン・カンはそれに従ってしまい、テムジンは退却を余儀なくされます。

これはテムジンとオン・カンの対立の始まりを示す重要なエピソードですが、私はこれを作り話だと考えています。オン・カンとジャムカの〝密談〟が記録されている点などを含め、少々できすぎた話のように思えるからです。

中国の『三国志』をはじめ、大陸の歴史書は物語の一種として書かれています。歴史とはそういうものだという考え方なのです。とはいえ、史実がもとになっているのは確かなので、そこから真実を引き出すことは可能です。

例えば、『三国志』の中の「魏書」倭人条は邪馬台国の記述で知られており、一般的に「魏志倭人伝」と呼ばれていますが、卑弥呼が魏に朝貢したと書かれています。そこには、これはまったくの嘘です。中国のどの王朝からも占領されたことのない日本が朝貢する必要などないからです。

また、「親魏倭王」の称号と金印を卑弥呼が魏から賜ったという話も間違いです。正しくは、日本が、中国・朝鮮から朝貢を受けている時代もあったのです。

「魏志倭人伝」は中国側に都合のいい嘘のオンパレードと言っていいのです。この点に関しては拙著『日本と中国　外交史の真実』（育鵬社）で詳細に解説しています。

さて、テムジンがオン・カンの裏切りに遭ったとされるのと同じ年、ナイマン族の部隊はオン・カンを追ってケレイト部族の領域に侵入し略奪を行います。窮地に陥ったオン・カンはテムジンに援軍を要請します。

テムジンの参戦により、ナイマン族の部隊は破れ、テムジンは取り返した略奪品をすべてオン・カンに返還しました。

このエピソードには、テムジンのオン・カン個人を恨まない寛容さと、略奪品を元の持ち主に返すという気前の良い性格が描かれており、真実性が感じられます。いずれも、日本人らしい徳性といっていいでしょう。

このように、『元朝秘史』や『集史』では、作り話を交えつつ史実も描かれているものと思われます。少なくとも、テムジンとオン・カンの間に、オン・カンを原因とする亀裂が生じ、テムジンが寛容に事を収めたのは確かなことのはずです。

器の大きな天神《テムジン》のもとに優秀な人材が集まった

先に記したように、一二〇一年から翌一二〇二年にかけて、テムジン率いるキヤト氏族とオン・カン率いるケレイト部族はモンゴル高原の諸勢力の同盟と連戦し、ナイマン族を撃破します。ナイマン族に勝利した後、テムジンの息子とオン・カンの娘、テムジンの娘とオン・カン長子の息子との間に婚姻の計画がなされますが、破談に終わります。こうして再び両者の関係性に暗雲が立ち込めます。

一二〇三年には、オン・カンの長子イルカ・セングンがテムジンと対立します。オン・カンは再びジャムカにそそのかされて、テムジンの本営を襲撃し、一時は優勢となりました。

ところが、ケレイト部族の本営は逆襲され、破られます。そこで、オン・カンはモンゴル中央部のハンガイ山脈を越え、ナイマン族のタヤン・カンを頼ろうとします。ところが、国境でナイマンの守備隊に殺害されてしまいます。

どこまでが正確な史実なのかは別として、オン・カンは何度もテムジンを裏切り、テムジンがそれを何度も許したというのは事実なのでしょう。

この一連の流れにおけるオン・カンは、いかにも大陸的な人格であり、一方のテムジンの寛容な性格はいかにも日本人的だと思えます。大陸の権力者にはほとんど見られないタイプと言っていいでしょう。

その器の大きさゆえにテムジンのもとには優秀な人材が集まり、モンゴル統一とその後の世界進出を可能にしたということでしょう。

名前の謎はたやすく解ける

こうして、オン・カンの長子イルカ・セングンはケレイト部族の地を逃れます。ところが、亡命先での略奪行為が問題となり、さらに逃亡を重ねることになります。

最終的に逃亡先の王族に捕らえられて息子（オン・カンの孫）とともに処刑されます。

1206年、クリルタイによって、チンギス・ハーンとして即位した。(『集史』より)

こうした事態により、ケレイト部族は壊滅し、テムジンはモンゴル高原の東半分を掌握します。

さらに、テムジンは一二〇五年にはモンゴル高原西方のナイマン族と北方のメルキトを破り、宿敵とも言えるジャムカを捕獲して処刑します。加えて、南方のオングトがテムジンに進んで服属した結果、テムジンはついにモンゴル高原全域を平定することになりました。

翌一二〇六年二月にテムジンは家臣と諸部族の指導者を集めて行う最高意思決定会議「クリルタイ」を招集し、そこでチンギス・ハーンとして即位します。「チンギス」とはこのとき初めてモンゴルに現れた語で、その由来については諸説あります。

例えば、十七世紀の歴史書『蒙古源流』には、毎朝テムジンの天幕の前で五色の瑞鳥が「チンギス」と鳴いたことから名付けたとあります。しかし、これはあまりにも馬鹿げた話です。いったい、どこの皇帝が鳥の鳴き声を自分の名にするでしょうか。

一方、『集史』は、「強固な」という意味の「チンク」の複数形が「チンギス」であると主張します。しかし、その名になった理由について、納得のいく説明とはなっていません。

そのほかにも「チンギス」の由来になった語の候補がいくつも挙がっていますが、由来不明の語というのが本当のところでしょう。

すでに第2章で述べたように、テムジン＝天神と同様、日本にいたときの愛妻であった静御前の歌から採られた「成吉思汗＝成す吉思かな」を名前にしたとする説が最も正しいでしょう。しかし、「源義経」を「ゲン・ギ・ケイ」と読み、これが転訛して「チンギス・ハーン」になったと考えることもできます。

モンゴル語では「ゲ」「ギ」「ジ」が似た音で発音されますし、「ハーン」「カン」はモンゴル語で「王・部族長」という意味なので、そこから「ゲン・ギ・ケイ」→「ジンギケイ・ハーン」→「チンギス・ハーン」となったと考えられるからです。

この二つの説のように、「チンギス」の由来が日本の言葉や名前の音読みであるのなら、モンゴル人にとって意味不明なのも当然です。

源義経は、モンゴル高原においてまだ何者でもないときには「天神＝テムジン」と名乗り、ひとかどの者になったときに初めて「源義経＝チンギス・ハーン」と名乗ったということでしょう。

大陸の人々は日本をリスペクトしていた

源義経がいかに戦いに強く、組織力があり、寛容で高潔な人格の持ち主だったとしても、外国人である彼がモンゴル部族を率いるというのはにわかには信じがたい話のように思えます。それが可能だったのは、義経が日本人だったからでしょう。

義経＝チンギス・ハーンに直接関係した者は、彼の出自がモンゴル部族でないことは当然わかっていたはずです。特に近しい者は日本人だと知っていたでしょう。

ここで重要なのは、モンゴル人や中国人は天皇がおられる日本を非常に尊敬していたということです。日本人が中国文化を尊敬していたと考える人が多いのですが、実際はその逆で、中国人など大陸の人々の側が日本を尊敬していたのです。

孔子は『論語』で日本について「道、行われる国」と書いています。日本は道徳がある国だと言っているわけです。

また後代、長寿を望んだ秦の始皇帝は、徐福に日本で不老不死の薬を探すように命令をします。不老不死の薬が入手できる幻想的な国が日本だと考えられていたのです。

また先に紹介した「魏志倭人伝」には、倭の国、つまり大洋の島には非常に優れた人たちがいると書かれています。だからこそ、そうした立派な国の人たちがわざわざ朝貢に来るのはおかしいわけです。このように実は中国人など大陸の人々は、日本をリスペクトしていたのです。

そこで、モンゴル部族は、日本人の英雄がはるばるやってくることを、ある種の「救世主」を迎えるような気持ちで期待したのでしょう。

漢字も知っているし、仏教の知識もある。これまで戦った実績もある。「いろいろと指導してもらおう」「モンゴルでも英雄になってもらおう」という発想が出てくるのはむしろ当然のことのように思えます。

義経が日本から連れていった精鋭の騎馬部隊が、団結して長弓と鉄かぶとで威勢のいい戦いをしている様子に感化されたモンゴル部族の戦士たちが、力強い首領を得て、勇気を持てた様子が目に浮かぶようです。もともと彼らは勇猛果敢な遊牧民族ですから、義経の指導のもとでみるみる精鋭化していったと推測できます。

モンゴル高原の平定とモンゴル帝国の樹立は、そうした義経の強力なリーダーシップによって実現されたのでしょう。

「義経＝成吉思汗《チンギスハーン》」説はなぜ戦後史観で否定されたか

十三世紀にアジアを旅して『東方見聞録』を著したマルコ・ポーロは、中国で聞いた「ジパング＝日本」の存在をヨーロッパへ初めて紹介しました。宝石にあふれ、王をいただく白い肌の人々が住む「黄金の宮殿」として伝えています。

実際に、江戸時代までの日本は金銀などの資源に恵まれた国でした。マルコ・ポーロの記述からは、その事実に加え、当時の大陸の人間が日本に対して抱いていた強い憧れも感じられます。

なお、「ジパング」とは日本の中でも特に、当時莫大な砂金を産出していた奥州平泉を指しています。〝黄金の宮殿〟のモデルは平泉の中尊寺金色堂であるという説さえもあります。

モンゴルから見れば外国人である義経が、彼らの皇帝となれたのは、彼を日本から来た英雄と見なしたからでしょう。そのほか、平泉からやってきたことも理由の一つだったかもしれません。大陸の人々は北の日本の豊かさを知っていたからでしょう。

大陸の人々が日本に対して強い憧れを抱いており、だからこそチンギス・ハーンになった日本人のことも受け入れたという話は長く伝わり、それに戦前の日本人が共感したのです。それにもかかわらず、日本人は明治時代に入ると欧米の価値観を理想として自分たちを測るようになり、「日本は資源を持たない弱小国だ」「日本は文化や学問の点で遅れている」といった自己否定が始まります。過去に日本に義経＝チンギス・ハーンのような英雄が生まれるはずがないという考え方も、そうした自己否定の延長だったと思われます。

戦後はさらに自虐的になり、「日本が敗戦したのはそれだけ悪いところがあったからだ」などと、日本の素晴らしいところまで含め、あらゆる面を否定するような風潮が支配的になります。

これが、いわゆる戦後史観であり、GHQが押しつけた歴史観です。日本人に罪悪感を抱かせ、プライドを失わせることが徹底的に行われたわけです。私たちがそのことを自覚できなかったのも、GHQのひそかな言論弾圧があったからです。

実際のところ、国土面積から考えれば日本は米国に次ぐ世界第二位の経済大国であり、世界で最も安定した安全な国なのに、戦後史観に毒された日本人は絶え間ない自己批判を繰り返すという悲喜劇を展開しています。

そうした戦後史観は当然、歴史研究の分野にも反映され、戦前までは真面目に議論されていた「義経＝チンギス・ハーン」説も、戦後は冷笑され、一蹴されてきたようです。すなわち、「義経＝チンギス・ハーン」説が葬り去られた背景には、先にも述べたように、「チンギス・ハーンのような優れた人物が日本から出るわけがない」という自虐的な先入観もあるのでしょう。

また、戦後史観では徹底して文献学を重視します。これは唯物論への悪しき追従です。文献に従っておけばあたかも歴史家としてのメンツが立つと思って、新しい説を採ろうとしません。

その結果、ほとんどの歴史家は「義経＝チンギス・ハーン」説に対して、一瞥《いちべつ》も与えず、黙殺するようになってしまったのです。

しかし、歴史家を名乗るのであれば、あらゆる先入観を持たず、改めて公平な目で、「義経＝チンギス・ハーン」説を検証してみるべきなのです。

マルクス主義的歴史観に染まらず歴史を広い視野で見つめよう

「義経＝成吉思汗《チンギスハーン》」説の初期の論者であるシーボルトは、かなりの確信を持って義経一行の北行の足跡を踏査しています。海外の研究者（博物学者）がこうした調査を行って発表したのは驚くべきことです。

長期間日本に滞在して研究したシーボルトは、研究者としては格別の存在です。海外の日本研究者のほとんどは学問としてまともな水準に達していないのが現実なのです。

海外の日本研究者の多くは日本語もろくに読めず、英語になっている資料だけ読んで〝日本を研究した〟と称しているありさまです。実際、私はそういう研究者を何人も見てきました。

私は以前、イスラエルで開催された日本学会に出席しましたが、発表は英語ばかりでした。それは結局、英語的なセンスでしか日本を理解できないということにほかなりません。さらに言うなら、英語を介した日本理解とはマルクス主義に基づく日本理解であり、それはもはや学問ではなくイデオロギーを通した理解です。

アメリカの日本研究は、ほとんどマルクス主義という時代遅れのイデオロギーによってなされています。隠れマルクス主義者であるフランクフルト学派をはじめ、アメリカの教育学界もジャーナリズムの世界も、左翼やマルクス主義者に支配されていると言ってもいい状況です。まさに学問の衰弱を露わにしています。

そこで、海外の日本学会に行くと、「北海道は日本の植民地」とか「日本の植民者がアイヌを弾圧した」などの作り話が横行し、それに賛同の喝采を送っているような状況を目にすることになります。アイヌが実は義経について何を語っていたかなどは知ろうともしません。

私たちは、そうした海外から投げかけられるマルクス主義的な歴史観に染まるのではなく、日本の歴史と伝統をしっかりと見つめなければならないと考えます。

日本の天皇の存在はモンゴルにも知られていたと考えられます。日本人の義経がモンゴルにおいて「皇帝」として即位したことで、モンゴル高原が平定されただけでなく、ユーラシア大陸に平和が訪れました。モンゴル帝国の覇権により平和な世界――「パクス・モンゴリカ」――が一時ですが、実現したのです。

次章では、義経＝チンギス・ハーンがユーラシア大陸の広範な領域へ帝国を拡大していった様子とその戦略について解説しましょう。

第5章

義経＝成吉思汗《チンギスハーン》のユーラシア大陸征服はなぜ成功したか

モンゴル高原だけでは満足せず、周辺国家への拡大を開始

チンギス・ハーンが現れる前のモンゴル高原には諸部族が群雄割拠し、遊牧のために人々は定住せず、文字も存在しませんでした。国家としての統一などあり得ないことでした。

その〝あり得ないこと〟を成し遂げたチンギス・ハーンは、まさに超人的な存在だったと言えます。さらに、チンギス・ハーンはモンゴル高原を平定しただけでは満足せず、周辺国家への侵攻を開始します。

モンゴル皇帝に即位する前年の一二〇五年、チンギス・ハーンはすでに西夏《せいか》との戦争を開始していました。西夏とは現在の中国西北部にあった王朝です。

一二〇九年、三度のモンゴル軍侵攻に音を上げた西夏は講和を受諾します。西夏はモンゴル帝国の従属国となるのです。

しかし、一二一六年にチンギス・ハーンが発した出兵要請を西夏が拒否します。これを機に、モンゴル軍による四回目の西夏侵攻が行われます。

その後、西夏はモンゴル帝国への反攻を試みますが不首尾に終わります。さらに、首都を大地震

中国甘粛省敦煌市の近郊にある仏教遺跡・莫高《ばっこう》窟《くつ》。かつてこの地は西夏に支配されていた。

が襲いました。

最終的に西夏の皇帝はモンゴル軍に投降します。西夏の皇帝はチンギス・ハーンの三男オゴタイにより殺されて西夏は滅亡しました。一二二七年のことでした。

西夏と戦争する一方で、チンギス・ハーンは一二一一年に金朝への侵攻も開始します。

モンゴル軍は野戦《やせん》において圧倒的な強さを見せ、金の領土の奥へ奥へと進軍します。慣れない土地での攻城戦では苦戦しますが、かなりの領土を征服した上で、一二一四年に金と和約を結びます。

しかし、金が首都をより南方の開封《かいほう》に移したことを背信行為と見なします。モンゴル軍は一二一五年に、もともとの首都・燕京（現在の北京）を陥落させました。

その一方、西方でも事態が動きます。モンゴル高原平定の過程でチンギス・ハーンに追われたナイマン族の王族クチュルクは、現在のカザフスタンあたりにあった西遼（カラ・キタイとも）へ身を寄せます。クチュルクは一二〇八年にその土地の皇女と結婚しました。

その後、ホラズム・シャー朝とオスマーン朝による西遼への侵攻があったり、国内での反乱があったりして混乱する中、一二一一年頃にクチュルクが帝位を簒奪《さんだつ》します。一二一八年にチンギス・ハーンはクチュルク追討のため先遣隊として小規模の軍を派遣することになります。

チンギス・ハーンによる派遣軍が内乱を扇動したところ、西遼の住民たちがクチュルクの兵の殺害を開始します。当のクチュルクは逃亡しますが、モンゴル軍に捕まり処刑されました。

その後、西遼の地はチンギス・ハーンの次男チャガタイにウルス（所領）として与えられました。その地は「チャガタイ・ハーン国（チャガタイ・ウルス）」となりました（16ページの地図参照）。

なお、西遼の属国であった天山ウイグル王国（西ウイグル王国とも）は、一二一〇年にモンゴルへ帰順しています。ウイグル王族はモンゴル帝国において高い地位に置かれ、モンゴル宮廷ではウイグル出身の官僚が多数活躍していました。ウイグル出身官僚はモンゴル帝国の経済活動におおいに貢献したようです。

ウイグル人にはユダヤ的なところがあり、まさに官僚向きだったのでしょう。モンゴル帝国が広大な領域をうまく統治したり、交易や交流を円滑にできたりしたのは、こうした人材を適材適所で起用したことが大きな要因となっています。

イスラム圏への侵攻も開始

西遼を征服したことにより、モンゴル帝国はイスラム国家、ホラズム・シャー朝と国境を接することになりました。ホラズム・シャー朝の領土は現在のイランやアフガニスタン西部、トルクメニスタン、ウズベキスタンとほぼ重なっています。

一二一八年、チンギス・ハーンはホラズム・シャー朝に約四五〇人の商人と五百頭のラクダから成る通商使節団を派遣しました。しかし、国境の都市オトラルの総督イナルチュクが、ホラズム・シャー朝のスルタン（国王）アラーウッディーンの許可のもとに使節団を殺してしまいます。それに使節団の商品を略奪する事件も起きます。

チンギス・ハーンからイナルチュクの引き渡しを求められたアラーウッディーンはそれを拒否。チンギス・ハーンは一二一九年にホラズム・シャー朝への侵攻を開始します。騒動の発端となったオトラルのほか、サマルカンド、ブハラ、ウルゲンチなどの都市を征服していきます。

この侵攻時、モンゴル軍の一部はカフカス山脈を越えて現在のロシア南部にまで侵入し、ルーシ諸公国軍を打ち破りました。

カザフスタン南部テュルキスタン州に位置するオトラル。モンゴルとホラズム・シャー朝の国境のオアシス都市だったが、19世紀にオアシスの水源が枯渇して放棄され、廃墟の町となった。

モンゴル軍の侵攻によりホラズム・シャー朝は一二二〇年までにほぼ壊滅状態となり、同年、アラーウッディーンは逃走先のカスピ海上の小島で病死しました。この時点で、ホラズム・シャー朝は国としては滅亡したと言っていいでしょう。

しかし、アラーウッディーンの子ジャラールッディーン率いる軍はモンゴル軍への抵抗を継続しました。モンゴル軍はときに苦戦しつつも、ジャラールッディーン軍をインダス川まで追いつめます。

いったんインドへ逃走したジャラールッディーンはその後、かつての自国領へ戻って転戦し、周辺国の王朝との交戦や婚姻外交により立て直しを図りました。しかし、一二三一年にはチンギス・ハーンの死後に後を継いで皇帝となったオゴタイ・ハーンが討伐軍を派遣します。

最終的に配下にも裏切られたジャラールッディーンは逃亡しますが、彼に恨みを持つクルド人により殺害されてしまいます。その結果、ホラズム・シャー朝は完全に滅亡しました。

大望をかなえた義経＝成吉思汗《チンギスハーン》の最期

引き続き年代を追って述べていきましょう。

一二二七年、チンギス・ハーンは周辺国への侵攻を継続させる中、避暑を目的としてモンゴル軍本隊とともに六盤山へ向かいました。六盤山とは中国西北部にある山です。

ここで西夏の降伏の知らせを聞いた彼はそれを受け入れますが、一方で金朝からの和平提案は拒否しました。

この避暑の間、チンギス・ハーンは危篤状態に陥ります。突然危篤になった理由として、落馬や落雷、矢を受けたなど諸説ありますが、はっきりしたことはわかっていません。

本隊はモンゴルへの帰途につきますが、チンギス・ハーンは一二二七年八月十八日に亡くなります。彼のひそかな野心の通り、すでに「モンゴルの天皇」になっていたとすると、それを「崩御」と表現してもいいでしょう。

チンギス・ハーンは死の床で、西夏皇帝の捕縛と処刑、金朝を滅ぼす計画を遺言として語りました。死亡前の彼の野望は実現し、すでにモンゴルの領主になりきって遺言したのでした。

チンギス・ハーンは生前に後継者として三男オゴタイ（オゴデイ）を指名していました。そのため、オゴタイが一二二九年に二代目のモンゴル皇帝に即位します。そして「オゴタイ・ハーン（カアンとも）」となりました。

オゴタイをはじめとするチンギス・ハーンの息子たちは、それまでに確立されていた軍や政治の基盤を受け継ぎ、偉大な父の遺志に基づいて版図を広げていきます。

この世継ぎの過程も、生前に天皇が指名されて、スムーズに皇位が継承されているかのようです。日本の新しい天皇の即位に似ています。

チンギス・ハーンから指名された皇帝が、やがてヨーロッパにまで迫る巨大な領土を獲得していくのです。チンギス・ハーンの子孫たちの戦いぶりについては本章の後半で再度、触れましょう。

義経＝チンギス・ハーンの大望は、〝モンゴルの天皇〟となり、中国を制覇することにあったと私は考えます。その大望を持つようになった背景には、蝦夷地のアイヌから〝日本の王〟として慕われた経験もあったでしょう。

もちろん、清和天皇の血筋を継ぐ清和源氏であったことも、〝モンゴルの天皇〟になるという思いにつながっていたはずです。

関東で〝新皇〟を名乗った平将門《たいらのまさかど》と同じことを日本でやれば、確実に討たれますが、大陸でなら成功する可能性がありました。

それに日本では、たとえ兄・頼朝を討って源氏の頂点に立っても、征夷大将軍止まりです。あるいは逆に、頼朝とうまくやったとして、将軍の下で政務を統括する執権《しっけん》止まりだったでしょう。

しかし、大陸であれば強者は王になれます。武によってどこまでも高みを目指せるという大陸の気風から生まれた大望が、義経を満州からさらに奥地のモンゴル高原へと導きました。

無論思慮深い義経ですから、モンゴルが日本国のような安定した伝統のある国ではないことは自覚していたでしょう。ここでは彼らの風習に従うしかありません。それは戦う精神を持つことだったでしょう。

そして、モンゴルの勇猛果敢な戦士たちであれば、自分に追従すると確信し、その熱き魂を燃えたぎらせて後半生を駆け抜けたのです。

ただ、その義経も、自身の子孫たちがヨーロッパまで迫る大帝国を築き上げるとはさすがに思っていなかったでしょう。

敵意を示した相手には容赦しなかった

チンギス・ハーンやモンゴル軍は、ヨーロッパでは残虐非道というイメージで語られることが多いようです。例えば、「ワールシュタットの戦い」といえば、ポーランドに侵入したモンゴル軍が、一二四一年にポーランド・ドイツ連合軍と衝突した最大の決戦とされます。このとき大勝したモンゴル軍は、討ち取った敵兵の耳を切り取って集めたとして、キリスト教世界に大きな恐怖を与えました。

しかし、この戦い自体があったかどうかわからないと唱える専門家もいます。あったとしても小規模のものだったのではないかとその専門家は主張しています。

それどころか、モンゴル帝国はチンギス・ハーンの時代から、戦うことよりも、指導者同士の話し合いによる問題解決を優先したという説もあります。そうやって人命を損なうことをなるべく回避してきました。

チンギス・ハーンは戦死者を抑える戦い方を心掛け、例えば日本の武将の名乗りのように、「これから攻撃するが、従うなら殺さない」と宣言してから戦うこともありました。これは非常に寛大な戦い方と言えます。

こうした寛大さはいろいろな場面で見られます。例えば先にも触れたように、侵攻以前にモンゴル帝国に進んで帰属した天山ウイグル王国の王族などはおおいに歓迎され、モンゴル王族に次ぐ地位を与えられたほどです。

一方で、モンゴル軍は征服した国の王族の助命嘆願を無視して処刑したり、市民の虐殺を行ったりしたことも知られています。しかし、これらは残党の蜂起や周辺諸国への牽制という意味で行われたこともあったようです。

つまり、反攻や周辺国の介入の芽を完全に摘んでおいた方が、敵側にも味方側にも新たな死者を出さなくてすむと考えた上での苦渋の選択だったのでしょう。

特に、明確な敵意を示してきた相手には容赦せず、奇襲なども駆使して徹底的に叩きました。

例えば、ホラムズ・シャー朝との戦いでは、奇襲を行ったり、偽装撤退（撤退する振り）をして追走してきた敵軍を背後から攻撃したりといった縦横無尽な戦法を採っています。まさに、一ノ谷の戦いや屋島の戦いでの義経を思わせる戦いぶりと言っていいでしょう。

それに単純に、モンゴル帝国の巨大さを見て、西洋の人々はタルタル（タタール）、すなわち「地獄からやってきた者」と呼んで畏怖し、あるいは蔑視し、恐れた面もあるでしょう。日本人が西洋人を「南蛮」と呼んで恐れたのと同じことです。

1597（慶長元）年、豊臣秀吉の命令によって長崎で26人のカトリック信者が磔の刑に処されたが、列聖から100年目の1962年に「日本二十六聖人記念碑」が作られた。

豊臣秀吉がスペインやポルトガルの宣教師が布教するためではなく、占領するためにやってきたと知ったとき、長崎で二十六人のキリシタンを十字架にかけて殉教させました。その残酷さをヨーロッパ人たちは殉教図として残しています。それと同様に、自分たちとは文化も宗教も違うモンゴル人たちを恐れたのでしょう。

また、チンギス・ハーンは、東西への交易経路の確保のために侵攻という手段を採ったという面もあったはずです。つまり、国家の生存戦略としての侵攻でした。

おそらく、大陸との交易の拠点であった平泉や十三湊を自身の目で見てきた義経＝チンギス・ハーンは、モンゴル高原を陸の孤島にしてはならないと考えたのでしょう。もし、モンゴル帝国が防衛にのみ徹していたら、交易経路を東西で押さえられているため国力を伸ばせず、早々に滅んでしまったはずです。

国際感覚は同化ユダヤ人だったからか

モンゴル帝国が勢力を拡大できた理由として、当然、馬術や弓術に長けていたことが挙げられるでしょう。同時に、戦法が組織的に行われたということもあります（モンゴル軍の戦法についてはのちほど詳しく解説します）。

モンゴル馬というモンゴル産の馬の走力があったことも、モンゴル軍が強かった理由の一つでした。モンゴル馬は小さいのですが、その分、上下動があまりありません。忍耐力があり、非常によく走る能力があります。

騎馬戦のときにも、安定した動きによって、弓の命中度が高まるため、これを操るモンゴル軍は、戦いを優位に進めることができました。だからこそ、連戦連勝で中央アジアを越えて、ヨーロッパまで行くことができたのです。そうした組織力と馬の力がモンゴルにはあったということは注目しておく必要があります。

また、広大な領土を有することができたのは、チンギス・ハーンが持っていたグローバルな国家ビジョンによるところが大きいと言えます。どれほど戦争に強くても、征服した新たな領土をうまく統治できなければ、その支配は早々に瓦解することになるでしょう。
義経＝チンギス・ハーンが時代を超えて卓越した国際感覚を備えていたのは、彼の出自が関係していると考えられます。

ここで秦氏の二つの系列について論じておかねばなりません。私はすでに過去の著作で、日本にやってきたユダヤ人たちが何度か時代を隔ててやってきたことを述べています。
記紀で〝スサノオ〟と呼ばれた人物が出雲に向かった時期のユダヤ系の人々は出雲系と呼びます。この人々は初期のユダヤ人です。

それから後年になってやってきた人々が秦氏系で、特に秦河勝の後に連なる秦氏系が重要です。こうした人々は初期の出雲系と異なる純粋な高天原系＝日高見国系、つまり東国系とも結びつきました。清和天皇とその子孫たちはその系統です。

清和天皇には惟宗《これむね》氏の血筋が入っています。惟宗氏はもともと、秦氏のうち讃岐《さぬき》国を本拠地としていた一族です。

惟宗氏という名は秦氏の新しい氏族名でもありました。つまり、清和天皇には秦氏の血も流れており、その末裔である義経も秦氏系だったのです。義経が平泉に赴いたのも、藤原氏も秦氏系だったからだと思われます。

また、清和天皇の嫡流である源氏一門は八幡《はちまん》大神を氏神として尊崇し、全国各地に八幡神社を勧請しました。八幡神社といえば、秦氏が創建した神社です。

さらに清和天皇は秦氏が創建した神社である松尾大社を貞観《じょうがん》元（八五九）年に神階最高位である正一位に叙しましたし、在位中の貞観年間に松尾祭が創始されています。

また、源頼朝は一ノ谷の戦いが起きた治承八（一一八四）年に刀剣を奉納し、勝利すると翌年には黄金百両と神馬十頭を奉献するなど、松尾大社を手厚く守護しました。これらの点からも、源氏は秦氏に関わっていたと言っていいでしょう。

一般的に秦氏は百済《くだら》からの渡来系氏族とされてきましたが、それは違います。秦氏は中東から中央アジアまで流れてきて、そこからさらに朝鮮半島を経由して日本に至ったユダヤ人の末裔です（詳しくは『日本にやって来たユダヤ人の古代史』文芸社刊をご覧ください）。

これらユダヤ系の人々は、日本へ大陸の文化や技術を持ち込むと同時に、日本国の文化に深く同化していきました。そのため、私はそういう人々を「同化ユダヤ人」と呼んでいます。

ほとんど日本人になったユダヤ人という意味です。ほとんど日本人になったとしても、彼らのDNAにはユダヤ人の血が残されています。

松尾大社本殿遠景

さて、モンゴル帝国の話に戻りましょう。

最盛期のモンゴル帝国には多種多様な民族・文化・宗教が存在していました。それは、歴史上の覇権国家がやったように自国の文化を被征服民に強要することを、チンギス・ハーンがよしとしなかったからです。

その逆にチンギス・ハーン＝源義経の指導するモンゴル人は東西の文化や技術を積極的に取り込み、モンゴル帝国を豊かにすることを目指しました。その結果、ユーラシア大陸の東西はより大きなパイプでつながる形となり、各国の歴史を〝世界史〟という大きな枠で捉える視点が初めて生まれます。

その意味で、世界史を作ったのは日本人の血を引くモンゴル帝国であると言っていいでしょう。

義経は日本人でありながら大陸へ渡り、まったくの異民族であるモンゴル部族の中に身を投じて指導者となりました。そして、群雄割拠のモンゴル高原を平定したのですから、当時としては類まれな国際感覚を身につけていたのです。すでに述べた通り、義経には秦氏ユダヤ人の血が流れていたことも影響したはずです。

チンギス・ハーンとなって以降、その国際感覚は最大限に生かされ、民族を問わず実力重視で人材を登用します。信教の自由や各地の文化・言語を尊重したことも、優れた人材の確保につながり、豊かな国作りに役立ちました。

オン・カンはネストリウス派キリスト教徒だった

義経がテムジンとしてモンゴル高原に出現したのは、テムジンが活躍する初期の頃に同盟したケレイト部族の首長オン・カンと最初に会った頃のことです。

オン・カンは最初、部族内の権力闘争に負けて敗走しているときに、助けを求めてテムジンに会いに行きます。突然の来訪に対し、テムジンは快く面会に応じ、オン・カンを庇護しました。

オン・カンのケレイト部族はネストリウス派キリスト教を信仰しており、オン・カンは「ダビデ」という洗礼名を持っていたようです。ネストリウス派キリスト教（景教）といえば、日本では蘇我氏が信仰した宗教であり、秦氏もまたネストリウス派キリスト教を信仰する人が多くいました。

ネストリウス派は五世紀初めにキリスト教化されたローマから排外視され、遠くアジアに布教せざるを得ませんでした。彼らは中国・日本のみならず、モンゴルにもやってきていました。つまり、オン・カンもまたそのネストリウス派キリスト教徒の末裔だったのです。

ここで注目すべきなのは、キリスト教のネストリウス派には多くのユダヤ系の人々がいたということです。これは東ローマ帝国から追放されたユダヤ系の人々がこのネストリウス派を支えていました。日本にやってきた蘇我氏もそうでした。

テムジンがオン・カンを快く受け入れたのは、キリストだけを奉じるネストリウス派という共通のルーツを持つことが何らかの形でわかったからでしょう。

その後、オン・カンは何度か裏切り行為を働きますが、当の義経＝テムジンは日本人らしい寛容さでそれを許します。

義経＝テムジンがモンゴル高原を平定して皇帝になれたのは、ネストリウス派にユダヤ人が多かったため、ユダヤ的な智謀と技術、大陸的な勇猛果敢さと大胆さ、日本的な寛容性と天皇の血筋からくる風格がうまく合わさって発揮されたことによるものだったかもしれません。

始皇帝と成吉思汗《チンギスハーン》の類似点

モンゴル部族をはじめとするモンゴル高原の人々が、義経＝チンギス・ハーンに従った理由について補足しておきましょう。

平安時代初期の弘仁《こうにん》六（八一五）年に嵯峨天皇の命により編纂された『新撰姓氏録《しんせんしょうじろく》』という古

代氏族の名鑑には、秦氏は秦の始皇帝の末裔であると記載されています。

秦の始皇帝は史上初めて中華統一を成し遂げた人物であり、やはりユダヤ人だったと考えられます。秦の人々は始皇帝の家系である嬴《えい》氏も含め、西域の羌《チャン》族にルーツがあるといわれ、羌族の住む地にはユダヤ人が入ってきていました。

そして、現在のイスラエルには「失われた十支族」を探し出すことを目的とする「アミシャーブ」という団体があり、羌族を十支族の一つであるマナセ族の末裔と認定しています。つまり、始皇帝はそのマナセ族の血筋を引くユダヤ人なのです。

兵馬俑（中国陝西省西安市）近郊に建設された秦の始皇帝像。西洋人風の顔立ちをしている。

中国の歴史書『史記』は、始皇帝の容貌を「秦王の人となりは、鼻が高くて蜂のような恰好、切れ長の目、猛禽のように突き出た胸、豺《さい》のような声で、恩恵は少なくて虎狼のような心だ」と記述しています。そのままユダヤ人を思わせる容姿と言っていいでしょう。

始皇帝は、「焚書坑儒《ふんしょこうじゅ》」という言論統制を実施した一方で、度量衡《どりょうこう》や貨幣の統一も実施。万里の長城の建設や治水工事といった公共事業を行い、それまでになかった強力な中央集権国家を作り上げました。この手腕はチンギス・ハーンにも通じるものがあります。

始皇帝の皇帝としての在位期間は死去するまでの約十年でしたが、統一国家となった中国の人々は極めてよく従いました。中国人とは異なる容姿を持つユダヤ人の統治者であっても、確かな指導力を示されれば、それを畏れて従うということでしょう。

モンゴル高原でもそれと同じことが起きました。しかし統治者のあり方はまったく違います。義経＝チンギス・ハーンという統治者は、大陸的な毅然とした強さと日本的な寛容さを持ち、清廉な人間性を兼ね備えた大人物として、モンゴルの人々の前に現れたのです。人々は彼を畏れ、彼に従うことを選んだと言えるでしょう。

モンゴル人力士はなぜ日本で活躍できるか

しかも、モンゴル人には日本の文化と共通する、模倣する力があります。

例えば現在、日本の相撲界ではモンゴル人の力士が多く活躍しており、元白鵬の宮城野親方や、元翔天狼の錦島親方、元旭天鵬の大島親方といったモンゴル人親方もいます。彼らは相撲が強いだ

モンゴル系の人々が行う伝統的な格闘技であるモンゴル相撲も、義経と関係があるかもしれない。

けでなく、日本の伝統文化を理解し、帰化した上で親方になったのです。彼らには騎馬民族の荒々しさが感じられますが、同時に適応力もあると思われます。

チンギス・ハーンは今もモンゴル民族から最大の尊敬を集めているとされますが、元横綱の朝青龍もチンギス・ハーンを尊敬している一人です。

二〇一八年三月七日の『スポーツ報知』には朝青龍に「ジンギスカンでも食べに行きましょう」と声をかけたら不機嫌になり、「なんで食い物の名前なんだ」と文句を言ったというエピソードが紹介されています。朝青龍がそれだけチンギス・ハーンを尊敬しているということでしょう。それでも、チンギス・ハーンが源義経であることは知らないでしょうか。

チンギス・ハーンを尊敬するモンゴル出身力士たちが日本の文化をすんなり受け入れていることも、義経＝チンギス・ハーンであることの証となるかもしれません。

義経＝チンギス・ハーンの国出身の力士だからこそ、多くの人が日本で活躍できるのでしょう。他の国の人々にはないことです。

日本の律令制をモンゴル帝国に導入した

モンゴル帝国が成立する前のモンゴル高原では、近親の部族が集まって国を成していました。義経＝チンギス・ハーンは初めて多部族による統一国家を樹立しました。さらに、周辺国を呑み込んだ多民族国家を形成しました。

その国家運営の基礎となるのが、「ヤサ」「千戸《せんこ》制（千人隊）」「駅馬車制」といった仕組みです。義経＝チンギス・ハーンの死後も子孫がそれらの仕組みに基づいて帝国の版図を広げ、巨大国家を運営していったのです。

まず、「ヤサ」とはチンギス・ハーン即位時に制定した「大ヤサ」を基礎として、行政規則、軍法、刑法、私法、遊牧民の慣習などをまとめた法令のことです。義経＝チンギス・ハーンは、ヤサによって日本の律令制の導入を試みたものと思われます。

ただし、大ヤサの原文は現在では不明で、ヤサそのものも法令としては成文化されず、口伝で伝えられました。

ヤサの内容の一部は記録が残っており、例えば、「あらゆる宗教を無差別に尊崇すべし」という項目や人種による差別を禁じる項目があります。このあたり、広大な帝国領土の中で宗教を理由とした争いが起きないようにするための配慮がうかがえます。日本に同化したユダヤ人ならではの国際感覚と言っていいでしょう。

これは日本人とも共通している感覚で、ヤサが導入される前から、もともと差別をしようという気持ちはありません。

ヤサそのものは成文化されませんでしたが、文字の重要性を知っていた義経＝チンギス・ハーンは、それまで文字が存在しなかったモンゴルに、モンゴル帝国で官僚として働いていたウイグル人の使うウイグル文字を導入しています。

合理性を極めた軍事組織「千戸制」

モンゴル軍は、それまでの血縁的な部族制を再編成し、十戸を十集めて百戸、百戸を十集めて千戸とし、それぞれに十戸長、百戸長、千戸長を置きました。それを千戸制（千人隊）といいます。

そうやって、大規模な編成の軍勢を作り上げました。こうした軍隊の編成によって、チンギス・ハーンの命令が末端の兵の一人一人にまで伝達できるようにしました。そうやって、組織力を強めたのです。

また、三個の千戸制（千人隊）が一つの部隊を形成し、戦闘となれば、その三個三千人が左、右、中央でお互いに協力して戦うようにしました。

前述の通り、モンゴル馬も戦闘に適していました。モンゴル馬は小さくて安定した体形をしており、弓が撃ちやすい動きをする、騎馬戦に即した馬でした。

走ると動きが安定しているので、戦闘になると千戸制、百戸制、十戸制と、いずれの規模の騎馬戦でも個々の兵士が的確に矢を射ることができました。チンギス・ハーンはそうした騎兵隊を組織していったわけです。

私はこれも日本の軍事組織を模倣したものと考えます。日本の律令制でも、軍団の定員は千人でした。小さな軍団は百人単位で編成されました。

千人の軍団（大団）は、大毅《だいき》一名と少毅二名が率いるものとされました。大毅とは指揮に当たる人です。

六百人以上の軍団は中団と呼ばれ、大毅一名と少毅一名が指揮しました。五百人以下は毅一名が率いました。いずれも百人単位で編成されています。

モンゴル軍は従来の戦いのような太鼓やラッパの音もなく、整然と攻めていきます。これが敵を恐怖に陥れました。また、侵略すると技術者を捕らえては自分たちの軍勢に参加させるという軍隊の強化法を採ったといいます。

モンゴル軍の遠征ほど、世界の戦争史上、組織立ったものはなかったとさえいわれています。それゆえ、二万キロも踏破して多くの民族を征服していくことができたのです。

また、千戸制（千人隊）とは別に「ケシク」と呼ばれる、チンギス・ハーン直属の一万からなる親衛軍も置かれていました。その兵士としては、功臣や千戸長、百戸長、十戸長の子弟が充てられました。彼らは平時には宮廷の要職に就き、選りすぐりのエリート集団としての誇りから、義経＝チンギス・ハーンへ絶対の忠誠を捧げたものと思われます。

このケシクの仕組みは、広大な領土に散らばる功臣や千戸制、百戸制らを中央につなぎ止める方策でもあります。また、有力者の子弟らを皇帝の忠実な駒として確保することで、謀反《むほん》を起こすのを未然に防ぐ効果もあったはずです。

モンゴル軍の戦い方に見られる〝義経らしさ〟

千戸制を駆使したモンゴル軍の戦い方は現代戦でも十分通用するものでした。

作戦は、斥候《せっこう》（偵察部隊）の報告に基づいて綿密に策定され、進軍経路には事前に目印を設置しておきます。さらに、要所に食糧や水も貯蔵しておくなど万全の準備を整えた上で軍を動かします。

そのほか、小競り合いによる敵の消耗、自軍の逃走を偽装した上での敵の誘い込み、囮《おとり》部隊の利用、藁《わら》人形による兵士数の偽装、偽の野営地の設置、捕虜による〝人間の盾〟など、勝つためのあらゆる手段が採られました。このあたりに奇襲を得意とした義経らしさがかいま見えます。

都市攻略は大部隊による包囲戦となり、平時に点在して遊牧している各部隊へ伝令が行き、命令された日付に合わせて集結します。最初から大部隊をまとめて動かすわけではないので、攻められる側からすれば大軍がいきなり出現したように見えたはずです。

こうした包囲戦の訓練となっていたのが、義経＝チンギス・ハーンが愛好した「巻狩り」です。巻狩りでは獲物を包囲して追い込んだところを狩猟するため、包囲戦の訓練も兼ねていました。

徴兵された被征服民は忠誠を誓った

さて、この時代の戦いでは略奪は勝者の当然の権利として行われていました。モンゴル軍もそこは同じですが、無節操な略奪は決して行われず、戦利品は皆で分配するのが習わしでした。

現代の感覚では〝略奪〟は悪事以外の何物でもないでしょう。しかし、被征服民であっても才のある者は重用されたため、その国でもともと低い身分に置かれていた者にとっては、モンゴル軍が解放者に映ったかもしれません。

義経＝成吉思汗《チンギスハーン》は、戦力不足を補うために被征服民の男子のうち三割を徴兵しました。しかし、逃亡や反乱などはほとんど起きず、多くはチンギス・ハーンへの忠誠を誓ったと伝えられています。義経＝成吉思汗《チンギスハーン》のカリスマ的な魅力もさることながら、忠誠を誓いたくなるほど待遇がよかったということでしょう。

モンゴル軍が、モンゴル高原からヨーロッパまでの全行程一万キロを踏破して多くの民族を従えられたのは、それを可能にするだけの仕組みがあったからです。

モンゴル帝国は一時、ユーラシア大陸の約六割を支配しました。これはそれまでの歴史上最大の版図であり、アレクサンダー大王の帝国の約五・八倍、ローマ帝国の約五倍という広大なものです。

無論、チンギス・ハーンの代でそのすべてを征服したわけではありません。しかし、それを可能にした千戸制と戦術の基礎はチンギス・ハーンが確立したものであり、いずれも義経だからこそ導入できた仕組みでした。

「日本人にそんな大帝国を作れるわけがない」という先入観があると、義経とチンギス・ハーンの類似点は見えてきません。その点、私は義経が秦氏系ユダヤ人の特質を色濃く残していると気づいたことで、「義経＝成吉思汗《チンギスハーン》」説の正しさを確信できました。

さらに、義経とチンギス・ハーンの歩みを再点検したことにより、ユダヤ人の才と日本人の美徳を合わせ持った彼が、大陸でのびのびと本来の能力を発揮して、テムジン、チンギス・ハーンになったという結論に達したのです。

大帝国を支えた「駅伝制」

多くの国を征服しても、その広大な領土や膨らんだ人口を活用できなければ意味がありません。

モンゴル帝国２代目皇帝オゴタイ・ハーン
（台北・国立故宮博物院所蔵）

モンゴル帝国の場合は、東西に広がる領土を活用して交易を促進し、富を生み出すことに成功しました。

モンゴル帝国の二代目皇帝となったオゴタイ（オゴデイ）・ハーンは、モンゴル高原中央部のカラコルムを首都に定め、そこを中心にして帝国全土に交易路を引く計画を実施します。これは「駅伝制（ジャムチ）」と呼ばれ、一日で移動できる距離ごとに「宿駅（站《たん》／これもジャムチと呼ばれる）」を設置するというものです。

駅伝制を制度として確立したのはオゴタイ・ハーンですが、チンギス・ハーンの時代にもすでに駅伝制は存在していました。駅伝制は日本では七世紀に確立し、当然、義経もその仕組みをよく知っていたはずです。

宿駅は、付近の住民百戸が「站戸《たんこ》」となって管理し、「牌符（パイザ）」（牌子とも）と呼ばれる通行証を持つ者は、そこで宿泊や飲食、駅馬の利用ができました。

古代ローマには多くのユダヤ人がいましたが、ローマから中国までのシルクロード（絹の道）を作ったのはまさにそのユダヤ人たちでした。それと同様のことを、国家主導で大規模に行ったものと言っていいでしょう。

この駅伝制の主な機能は、交易を含む物資運搬と伝令などによる情報伝達でした。つまり、駅伝制は、広大なモンゴル帝国の統治と経済を支えるネットワークインフラだったのです。

航空路とインターネットが発達した現代と比較すると、〝ネットワークインフラ〟という表現は当たらないかもしれません。しかし、二十世紀にシベリア鉄道が開通するまで、モンゴル帝国の駅伝制はユーラシア大陸で最速の物資運搬・情報伝達手段でした。元（モンゴル）からヨーロッパの黒海沿岸まで最速で八ヶ月で渡れたという記録が残っています。

「牌符」(パイザ)により通行の安全を保証した

宿駅を利用するのに必要な通行証である牌符(パイザ)は、現在のパスポートのようなもので、例えば戦時であっても、これがあれば通行の安全が保証されました。牌符には、金碑、銀碑、銅碑、木碑、海青碑、円碑などの種類があります。そのうち金碑と銀碑は使臣や軍官が使用し、海青碑と円碑は軍事的な緊急時に使用されます。

これにより当時としては最速の情報伝達が可能になり、東は日本海から西は黒海に至る広大な帝国を一つの国として有機的に機能させたのです。

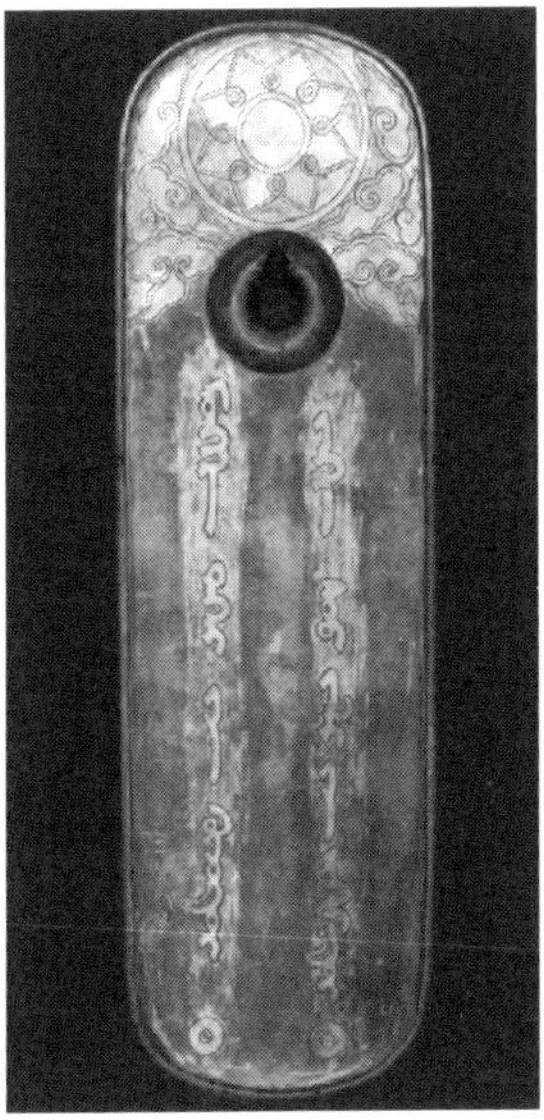

牌符(パイザ)

また、駅伝制の普及により、ムスリム(イスラム教徒)商人らはユーラシア大陸の東西を移動して精力的に交易を行いました。イランの漆器《しっき》やモンゴルのじゅうたんが中国へ輸出され、中国から中近東へもさまざまな文化・技術が輸出されました。

こうした東西の文物の交易は、結果的にモンゴル帝国の経済面の発展に大きく寄与したのです。一二二七年にチンギス・ハーン皇帝が亡くなった後のモンゴル帝国についても、語っておきましょう。

まず、チンギス・ハーンの跡を継いで一二二九年に皇帝になったのは、かねてより後継者として指名されていた三男のオゴタイです。なお、長子ジョチは一二二五年頃に、父に先立って病没しています。

四男トルイは末子《まっし》相続の慣行により、チンギス・ハーンの所有する財産と軍を継承します。トルイを皇帝に推す声もありましたが、父の意向に従うとして自身はオゴタイを皇帝に推します。日本人らしい「和」の精神が、オゴタイへのスムーズな継承に感じられるようです。

この末子相続は遊牧民族の慣習だったといわれますが、この慣習が日本にあったことも無視できません。なお日本では今の長野県や鹿児島県などで、上の兄弟から次々に分家して、最後に残った末っ子に相続させる末子相続の習慣があったことが知られています。

さて、モンゴルの話に戻りますが、長男は早くに亡くなったわけですが、次男チャガタイが継ぐこともできたのに、三男オゴタイを選びました。

オゴタイ・ハーンは金の攻略を引き継ぎ、一二三〇年に侵攻を再開しました。三軍に分かれて進軍しましたが、最終的に首都の開封へ集結します。

そして一二三四年、南宋とも協力して金朝の皇帝を追いつめて自害させてしまいます。金軍も全滅し、金は滅亡しました。

金の攻略において四男トルイは敵の主力軍を壊滅させますが、オゴタイの本隊と合流して帰還する際に急死しています。金滅亡の二年前、一二三二年のことです。

ヨーロッパ人を恐怖させた「ワールシュタットの戦い」

オゴタイ・ハーンは、金滅亡の翌年一二三五年にモンゴル帝国の首都をカラコルムに定め、行政や徴税の仕組みを整えました。この年、金攻略で一時は同盟した南宋への侵攻と、ヨーロッパ遠征も決定されます。同年、南宋への侵攻が開始されています。

一方、チンギス・ハーンの長子ジョチの子バトゥは一二三六年にヨーロッパ遠征へと出立します。ロシアに侵攻して都市を次々と陥落させ、キエフ公国を壊滅状態に追い込みます。

さらに、一二四一年の「ワールシュタット（レグニツァ）の戦い」では、ヨーロッパ遠征軍の別

ポーランド大公ヘンリク二世

動隊がポーランド西部でポーランド大公ヘンリク二世の率いるドイツ・ポーランド連合軍を撃破。この戦いでヘンリク二世は死亡しています。

この戦いはドイツ・ポーランド連合軍側に凄惨な被害をもたらし、モンゴル軍の圧倒的な強さに対する多大な恐怖心をヨーロッパの人々に植え付けました。

ワールシュタットの戦いでのモンゴル軍は、偽装退却による待ち伏せ攻撃や煙幕による敵部隊の分断といった戦術を駆使します。混乱して敗走する敵兵を徹底的に追撃して、ドイツ・ポーランド連合軍側に深刻な被害を与えています。こうした戦法は義経＝チンギス・ハーン時代から受け継がれたものです。

前述の通り、このとき大勝したモンゴル軍は、討ち取った敵兵の耳を切り取って集めたなどの残虐行為をしたともいわれます。しかし、この戦い自体が本当にあったかどうかわからないし、あったとしても小規模のものだったのではないかと主張する専門家もいます。モンゴル軍の残虐さを誇張するために、そのような戦いがあったという説が出てきたものでしょう。

オゴタイ・ハーンの時代にはこのほか、ハンガリーへの侵攻、高麗への侵攻、インドへの遠征軍派遣、イラン高原西部の攻略などにより精力的な領土拡大が図られました。

オゴタイ・ハーンの死と後継者争い

ワールシュタットの戦いの翌日にはほかの別動隊がトランシルヴァニア軍を、三日後には本隊がハンガリー軍を撃破します。モンゴル軍はオーストリアのウィーン近くまで迫りますが、オゴタイ・ハーンが一二四一年末に五十六歳で急死したことを機に撤退しました。

南宋攻略や高麗攻略など、すでに始まっていた長期的な戦いは別として、オゴタイ・ハーンの死によりモンゴル帝国の拡張路線には大きくブレーキがかかりました。もしオゴタイ・ハーンが早世していなければ、モンゴル帝国の最大領域はさらに広大なものになっていたでしょう。

なお、チンギス・ハーンの次男チャガタイは、オゴタイの相談相手として良好な関係を維持していましたが、一二四二年に弟の後を追うように亡くなっています。これにより、チンギス・ハーンの第一皇后ボルテが産んだ四人の息子はすべて死没しました。

この四人の息子たちまでは、日本人である義経の寛容さや「正直で嘘をつかない」という資質が受け継がれていたと言っていいでしょう。こうした資質はモンゴルの人々にとって一番大事なことでした。

義経は壇ノ浦の戦いの後、捕虜にした平時忠《ときただ》の娘を側室に迎え入れています。怨敵《おんてき》の平氏であろうと、いったん戦いが終われば、もう敵ではありません。ただの人間同士、男女同士の関係です。敵愾心《てきがいしん》や怨恨は持たない。それは神道でお祓《はら》いをすることの目的でもあります。

神社でのお祓《はら》いは、罪や穢《けが》れ、災厄などの不浄を心身から取り除くために行われます。罪や穢れなどとともに敵対心や恨みつらみなども捨て去ることが目指されます。

義経は日本人らしい寛容さを持っていました。そうした寛容さは頼朝に疑念を抱かれる一因となりましたが、同時に家臣に慕われる要素ともなったのです。

モンゴル帝国３代目皇帝グユク

さて、オゴタイ・ハーンの死後、第三代皇帝の選出は紛糾します。なかなか皇帝が決まらず、権力の空白期間が生じたため、チンギス・ハーンの長子ジョチの子バトゥのヨーロッパ遠征軍はロシアのヴォルガ川下流にとどまることを決定します。そしてサライを首都とする自立政権「キプチャク・ハーン国（ジョチ・ウルス）」を築きました。

なお、皇帝選出が遅れている間にも、アナトリア半島（現在のトルコのアジア側）での戦いにより、ルーム・セルジューク朝、アルメニア王国、グルジア王国がモンゴル帝国に帰順しています。

一二四六年、ようやく最高意思決定会議「クリルタイ」を招集でき、第三代皇帝にオゴタイ・ハーンの第六皇后の長子グユクが即位します。ところがわずか二年後の一二四八年、グユクは遠征中に亡くなってしまいます。一説には、この遠征を自身への討伐と解釈したバトゥによる暗殺ともいわれています。

モンゴル帝国から「大元」へ

グユク・ハーンの死後、その皇后で摂政監国として国政を代行したオグルガイミシュがクリルタイ（最高意思決定会議）を招集します。しかし、バトゥや一部王族はそれに従わず独自にクリルタイを招集します。

バトゥの招集に対しオゴタイ家は最初抵抗します。しかし、最終的に招集に応じ、一二五一年にチンギス・ハーンの四男トルイの長子モンケが第四代モンゴル皇帝として即位しました。

後顧の憂いを断つ目的か、モンケの皇帝即位後もなお隠然たる影響力を保っていたオグルガイミシュと、それに与《くみ》する有力者が後に処刑されています。

皇帝となったモンケ・ハーン（カアンとも）は、次弟フビライを中国方面の軍団の総督に、三弟フレグを西アジア方面の軍団の総督に任命して征服するよう指示します。フビライは一二五三年に大理国（現在の中国雲南地方・ミャンマー北部）を征服しました。さらに、後方の幕営から南宋征服と高麗征服の総指揮も執っています。

一方、三男フレグはイランで抵抗を続けていたシーア派の一派ニザール派を一二五六年に制圧します。さらに、一二五八年にバグダード（現在のイラクの首都）のアッバース朝を壊滅させ、一二六〇年に現在のイラン、イラク、アナトリア東部に当たる領域に帝国内の独自政権「イルハン国（フレグ・ウルス）」を確立します。

その後、モンケ・ハーンはフビライの台頭を恐れ、これを更迭します。モンケ・ハーンは自ら南宋征服に乗り出しますが、そのさなかに疫病にかかり病没してしまいます。これが一二五九年のことでした。

新皇帝選出に当たって武力衝突を伴う後継者争いも生じましたが、最終的にフビライ・ハーンが第五代モンゴル皇帝として一二六〇年に即位します（フビライ・ハーンの肖像は25ページを参照）。そして一二七一年末に国号を「大元」と改めます。さらに、モンゴル語の表記文字としてチベット文字をもとにしたパスパ文字を新たに制定しました。

なお、「元」の発音は「ユアン」ですが、私は「元」は、源義経にちなんで「源」から採った国号であると考えています。フビライ・ハーンは初代皇帝チンギス・ハーンの真の名前を知っていたのでしょう。元も源も同じ意味を持っています。

継続していた高麗・南宋への侵攻については、まず一二五九年に高麗が降伏し、一二七三年までに全域が併合されます。

一方の南宋は一二七六年に国としては滅亡。王族を擁する残党軍は南下しつつ抗戦を継続しますが、一二七九年に元軍により撃滅され完全に滅亡します。

そのようにフビライ・ハーンが東アジアで領土を拡大する一方で、内紛も起こりました。

オゴタイの孫ハイドゥ（カイドゥとも）は一二六八年に挙兵します。ハイドゥは、分裂し弱体化していたチャガタイ・ハーン国（チャガタイ・ウルス）の当主バラクとの同盟により、フビライ・ハーンと対立します。

ハイドゥとバラクはマー・ワラー・アンナフル（現在のウズベキスタン）にある皇帝直轄の都市の接収を進めましたが、その後対立します。ハイドゥはキプチャク・ハーン国（ジョチ・ウルス）の援軍を得てバラクの軍に勝利します。

その後の話し合いを経てハイドゥとバラクは和解しますが、一二七一年にバラクがハイドゥとの会談を控えた前夜に急死してしまいます。

バラクの死によりハイドゥは中央アジアの覇権を握り、「ハイドゥ王国」を確立します。ところが、一三〇一年にモンゴル高原に侵攻し元軍と交戦した際に深手を負い死亡します。一三〇六年にオゴタイ・ウルスはチャガタイ・ウルスに併合され、内紛はほぼ終結することになりました。

この内紛終結により、モンゴル帝国（大元）は、東アジアの「元朝（大元ウルス）」を盟主とし、中央アジアの「チャガタイ・ハーン国（チャガタイ・ウルス）」、ヨーロッパロシアとシベリアを含む「キプチャク・ハーン国（ジョチ・ウルス）」、西アジアの「イルハン国（フレグ・ウルス）」から成るゆるやかな連合国家として再編されました。

なお、フビライ・ハーンは内紛の終結を見ることなく、一二九四年に七十八歳で亡くなっています。ここで注目しておきたいのは元寇ですが、その件はもう少し後でお話ししましょう。

モンゴル帝国の滅亡

ゆるやかな連合国家として再編された後、平和を取り戻したモンゴル帝国は繁栄を謳歌《おうか》しました。しかし、元朝やチャガタイ・ハーン国、ウプチャク・ハーン国では後継者争いが起こります。さらに、元朝は一三五一年に起きた宗教的農民反乱「紅巾《こうきん》の乱」により江南を失います。一三六八年には紅巾党の首領の一人であった朱元璋《しゅげんしょう》の建てた明朝によって中国を追われ、モンゴル高原を中心とする北方へ撤退します。そして「北元」と呼ばれるようになります。

その後、一三八八年に第十七代皇帝トグス・テムルが内紛により殺害されたことで、皇帝位におけるフビライ・ハーンの血筋が断絶します。ある意味で、ここで、チンギス・ハーンの意図は途絶えたと言ってよいでしょう。

朱元璋。明の初代皇帝・洪武帝《こうぶてい》となる。

北元・モンゴル帝国の皇帝位は第四十一代エジェイ・ハーンまで続きますが、後金の皇帝ホンタイジの侵攻を受けて、北元は一六三五年に降伏します。大元の玉璽《ぎょくじ》を差し出し、モンゴル帝国は滅亡しました。

このとき、玉璽を献上されたホンタイジはそのことを非常に喜び、エジェイを外藩親王として優遇しています。

玉璽を手に入れたことでホンタイジはモンゴルのハーンを名乗るとともに、一六三六年に大清国の皇帝位を宣言します。清朝は一六四四年に北京を掌握し、明朝皇族によって建てられた南明政権も一六六二年にほぼ滅亡します。

義経＝チンギス・ハーンの築いた帝国は、彼の薫陶を直接受けた子や孫の代まではその精神が受け継がれたはずです。しかし、代を重ねるごとにその精神も薄くなっていき、巨大な帝国の瓦解につながったものと思われます。

義経＝チンギス・ハーンはモンゴルに日本の道徳観を伝え、歴代の皇帝たちもそれを守ろうとしました。しかし、どうしても時折、遊牧民族の支配欲や暴力性が出てしまうのです。

第五代皇帝フビライ・ハーンのあたりから規律性・道徳性がなくなっていき、日本に襲来する元寇を引き起こします。これは、モンゴルや中国の人々がもともと持つ、ある種の傲りと攻撃性の表れと言っていいでしょう。

そこでときに、被征服民への苛烈な扱いや皇帝継承争いにおける暗殺や処刑といった事件となっていきます。その一方で、義経のような大人物が現れたときにはそのカリスマ性に従うというのは、モンゴル人や中国人の特徴であると言えます。

モンゴル帝国の瓦解は、義経＝チンギス・ハーンの考えた日本の「天皇」の存続は、大陸においては不可能だったということを示しています。モンゴル帝国はさすがに支配する面積が広すぎましたし、後継者は分裂せざるを得なかったのです。

元寇を新たな視点で捉える

モンゴル帝国と日本の関係を語る上で、元寇（蒙古襲来）の話題は避けて通れません。

元寇は第五代フビライ・ハーン時代の一二七四年（文永の役）と一二八一年（弘安の役）に実施され、日本側は北条時宗《ときむね》が執権として実権を握る鎌倉幕府が、モンゴルの襲来を迎え撃ちました。

当時、南宋を攻略していたフビライ・ハーンは、南宋包囲網として周辺国への侵攻を実施します。南宋へ金銀、硫黄、木材、弓などを輸出していた日本もターゲットとなりました。

当時、日本は輸出により宋銭を得て、その宋銭でさらに輸入を行っていました。それくらい、宋との関係が深かったのです。フビライ・ハーンも内心では祖父の故郷である日本を攻めることにある感慨を持っていたのではないかと予想できます。しかし立場上その思いを表に出してはいません。つまり、尊敬を集めてきた日本に侵攻しようとするなどとは、チンギス・ハーン以来の精神がもはや途絶えてしまったのだと思わざるを得ません。義経＝チンギス・ハーンの出身国・日本のことは忘れられ、あくまで隣国の一国としてしか考えられていなかったということでしょう。

フビライ・ハーンは日本と南宋の結びつきを断とうとします。南宋と同時に日本を討たないと世界征服ができないと気づいたのです。これがモンゴルの日本攻撃のきっかけとなりました。

ところで、元寇というと、私たちはモンゴルと日本の関係の中でしか考えていませんが、アジア全体のモンゴル支配という観点からも考えなくてはなりません。世界全体の大きな枠組みの中で、常に日本と各国の関係を意識する必要があるのです。対外戦争を語る上では、そのことが重要となります。

東洋と西洋の関係を考えるとき、私たちは西洋が常に東洋を支配しようとしていたと考えがちです。しかしモンゴル帝国を見ると、実は東洋の方が先に西洋を支配しようとしていたことがわかります。歴史上、西洋の国々が東洋に対抗するという図式があったということを認識しなければなりません。

さて、元寇の話に戻りましょう。まず文永十一（一二七四）年に、高麗兵を含む約三万の元軍が、対馬、壱岐、北九州に上陸します。これに対し九州各地から招集された御家人たちが勇敢に立ち向かい、元・高麗連合軍を退却させます。このとき、折からの暴風雨もおおいに味方しました。

さらに、弘安四（一二八一）年には十四万の大軍を率いた元軍が北九州に襲来。約二ヶ月の戦いの後、元軍は再び暴風雨で多大な損害を受け、諸将らは約十万の兵士を残して敗走します。残された元軍の兵士は壊滅させられ、約二～三万人が日本側の捕虜となりました。

元寇を退けた日本に世界が注目した

元寇は日本にとって初めての〝戦争〟となり、後世に与えた影響は非常に大きなものでした。元寇の後のモンゴル帝国について、ほとんどの日本人は考えません。しかし、元寇は世界史に大きな影響を及ぼすことになりました。

まず日本がこれだけ戦ったことによってモンゴル帝国が衰退していくという状況が出てきました。それは同時に西洋に対するモンゴル帝国の弱体化につながり、これ以後、西洋が勃興することとなりました。

つまり、西洋の膨張は、モンゴルに対する日本の「文永・弘安の役」の結果であったとも言えるのです。そして、この世界史を大きく動かした「元寇」の襲来を見事に防いだ北条時宗は、一二八四年（弘安七年）、あたかも自らの役割を終えたかのように三十四歳の若さで没しました。「弘安の役」は、世界最大規模の戦いに日本が挑み、日本が勝利するという戦争史上まれに見る出来事でした。しかし、西洋で書かれた戦争の本を読んでいても「弘安の役」はほとんど出てきません。

というのは、西洋中心主義の世界で戦争史が書かれており、また東洋が世界史の中で西洋人たちに正当に評価されていないというのが大きな理由でしょう。

例えばジャレド・ダイアモンドの書いた『銃・病原菌・鉄』（草思社、二〇〇〇年）というベストセラーになった二冊本の大著がありますが、これには日本がほとんど出てきません。戦争・戦略研究者のアザー・ガットが書いた『文明と戦争』にも日本はほとんど登場しません。日本が出てくるのは「近代」になってからで、「遅れてきた帝国主義者」として書かれているにすぎません。

しかし、「弘安の役」が戦争史の上で最大規模の戦いだったことはまぎれもない事実です。その戦いに勝利した日本は、この時代の世界最強の国となりました。

しかし日本軍は、勝利した後も、彼らを追いませんでした。追って、高麗、南宋、モンゴルを占領すれば、一気にアジアの盟主となり、西洋と対峙することも可能でした。しかし、日本人はまったくそんなことを考えませんでした。いや、考えなかったことが、偉大なのです。

無論そのときは戦争で疲弊していたでしょう。しかしそれ以上に疲弊したのが、高麗、南宋、モンゴルの三国でした。しかし彼らを支配し、奴隷として使い、各国の旗の一部に日本の「日の丸」を入れるなどという気はまったくなかったのです。

元寇での対処法はその後も、自己防衛にとどめるという日本の戦争に対する原則となります。元寇は防衛戦争であり、大東亜戦争もまたアジアの盟主としての防衛戦争だったのです。

モンゴル帝国がユーラシア大陸の東西をつなぎ、史上初めて〝世界史〟という視野を提示したことを考えれば、元寇における日本の勝利は事実上、日本が世界史の中に鮮烈な印象とともに初登場した出来事だったと言えます。

かつてモンゴル帝国に、なすすべなく蹂躙《じゅうりん》されたヨーロッパは、極東の島国が二度にわたる侵攻を退けたことに大変驚き、未知の国・日本に対して著しい関心を向けたことでしょう。

マルコ・ポーロも『東方見聞録』の中で、伝聞による不正確な内容ではありますが、大国・元の大軍勢を退けたジパング＝日本への驚きを伝えています。

東洋と西洋の関係を考えるとき、現代の私たちは西洋が常に東洋を征服していたと考えがちですが、実際にはモンゴル帝国のように東洋の方が先に西洋を征服・支配していました。

十五世紀以降、西洋諸国は植民地支配を推し進めていき、モンゴル帝国の滅亡と前後してその動きは加速化したと言っていいでしょう。かつて自分たちを恐怖させたモンゴル帝国への恨みを晴らすかのように東洋へ進出し、清は大英帝国や他の列強によって半植民地化された後、一九一二年に滅亡します。

清朝が義経の末裔という説

元軍という当時の世界最強の軍隊を日本が撃退できたのは、フビライ・ハーンが遊牧民族であり、海を越えて島国日本に攻めてくる困難さを知らないことを見抜いていたからだと考えられます。義経＝成吉思汗《チンギスハーン》の強さは、日本とモンゴルの力が結合したことにありました。私はさらに、そこにユダヤ人が参加した可能性を指摘したいと思います。

モンゴルにいたキリスト教徒のネストリウス派にはユダヤ人が多かったことはすでに指摘しました。この当時のヨーロッパの版画に、ユダヤ人の服装をした一団が西洋人と戦う図があることを私は発見しました。

ウィーン国立図書館にある「ハンガリー：年代記」(Cronica de Gestis Hungarorum) には、三角錐のようなとんがり帽子の先端に房がついた兵士たちが描かれています（左ページ・右上）。この帽子はモンゴル人というよりユダヤ人の兵士のかぶとと同じ形なのです。同じ「ハンガリー：年代記」の違う部分には円錐の帽子のつばが裂けているものが描かれていますが、これもユダヤ人兵士のかぶとの形です（左ページ・右下）。彼らのひげもユダヤ的ですが、さらに美豆良《みずら》をつけてい

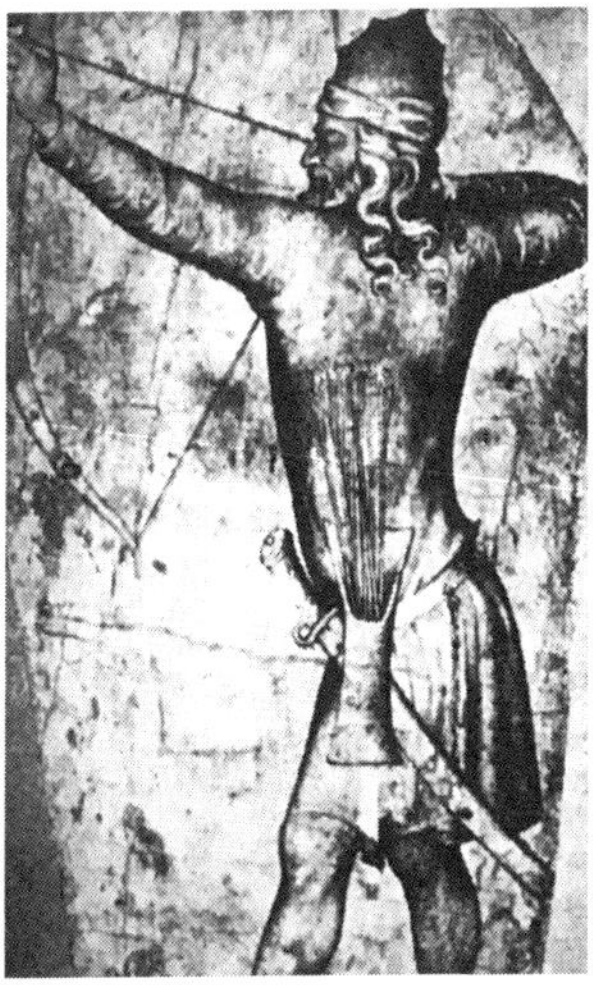

シモーネ・マルティーニ？「異教徒の兵士」（オックスフォード　クライスト・チャーチ図書館）

「ハンガリー：年代記」（部分、ウィーン国立図書館）

「ハンガリー：年代記」（部分）

このページの画像は『光は東方より』（田中英道著、河出書房新社）より引用した。

るように見えます。美豆良とは耳元に垂らすびん（鬢）で、これはユダヤ人特有の印です。

さらに、オックスフォードのクライスト・チャーチ図書館のシモーネ・マルティーニの作品とされるデッサン「異教徒の兵士」はそのタイトルの通り、異教徒（モンゴル人）の格好を描いています（前ページ・左）。

これらはおそらくモンゴル兵士が西洋人にとってユダヤ人の姿として見られたことを示唆しているのでしょう。

義経＝チンギス・ハーンが、広大な帝国領土を治めることができたのは、ユダヤ人たちの何らかの関与があったからだと考えられます。

中央アジアにはかつての「失われた十支族」の末裔が住んでいました。モンゴルの勢力が彼らを味方につけ、ヨーロッパを攻めた可能性も考えられます。

モンゴル部族は遊牧民族ですから本来、広大な領土の統治には向きません。その点、義経の持つ日本人の武士としての倫理観や攻撃性は、領土拡大により多民族国家となったモンゴル帝国の統治にもうってつけでした。そこから、「モンゴルの平和（パクス・モンゴリカ）」が生まれたと思われます。

モンゴル帝国は大陸では最強を誇りましたが、義経＝チンギス・ハーンが去り、その孫の世代になると、規律性よりも暴力性が目立つようになります。そのことが、モンゴル勢力への世界の認識が変わったことの一因となったと考えられます。

なお、明朝（北元）を滅ぼした清朝もまた義経の血筋に連なっているという説があることを紹介しておきましょう。中国最大の類書（百科事典）である『古今図書集成』に、清朝皇帝の先祖は源義経であり「清」の国号は清和天皇から採ったと明記されているというのです。

これについて反論もありますが、義経は大陸に渡った際に金の領土を通過しており、金朝の女真族が後に清朝を建てているのですから、清朝皇帝の先祖が源義経であった可能性がないわけではありません。

むしろ、義経が清朝のルーツであると考えると、北元（モンゴル帝国）を滅ぼしたホンタイジが、大元の玉璽を入手したときに非常に喜んだという話も納得できるのです。

ホンタイジは、自分が滅ぼした国の玉璽を得て喜んだのではなく、遠祖である義経＝成吉思汗《チンギスハーン》の権威を受け継いだこと、そして日本の清和天皇に連なる自身のルーツを実感したことをおおいに喜んだのではないでしょうか。

次章では、義経＝成吉思汗《チンギスハーン》が築いたモンゴル帝国が、世界に残した素晴らしい〝遺産〟について紹介しましょう。

第6章

義経＝成吉思汗《チンギスハーン》は
なぜ世界で尊敬されたか

「パクス・モンゴリカ」

モンゴル帝国と聞くと、荒々しい戦いをする民族というイメージを持つ人が多くいます。しかし、第4章でも述べたように、各国への侵攻がいち段落し、内紛も集結して以降は、比較的平和な時代が半世紀ほど続きました。この時代を「パクス・ロマーナ（ローマの支配による平和）」になぞらえて、「パクス・モンゴリカ（モンゴルの支配による平和）」と呼んだりもします。

この頃から、モンゴル帝国がユーラシア大陸の東西をつないだことで交易が盛んになります。モンゴル帝国の領土外のヨーロッパやアラブ世界、インド亜大陸、東南アジア、日本なども必然的にその交易路に接続され、一つの巨大な経済圏が生まれたのです。

こうした交易の活性化は、義経＝チンギス・ハーンの時代から準備されていました。日本は交易によって栄華を誇りましたが、中でも奥州平泉の豊かさを肌で感じていた源義経は、大陸でその豊かさを再現したかったのでしょう。

古代ローマに「光は東方より」という言葉があります。もとは東方のギリシャ文化への憧れを述べたものでしたが、十三〜十四世紀頃にはモンゴル帝国がまさにその「光」でした。

モンゴル高原には他地域へ輸出できるような文化や文物は特にありませんでしたが、中国の金や南宋の文化を継承し、当時大変に貴重だった中国の紙や陶磁器、絹織物などをヨーロッパにもたらします。

それまでも「絹の道（シルクロード）」や「草原の道」「海の道」による交易は行われていました。そこにモンゴル帝国が「駅伝制」により通商路の安全を保証し、共通通貨としての銀を流通させたことで、より盛んな交易が行われるようになったのです。

仮に中国からの紙の到来がもっと遅れていたなら、十五世紀にヨハネス・グーテンベルクが発明した活版印刷の普及ももっと遅くなっていたでしょう。

西洋では近代印刷術はグーテンベルクが発明したことになっていますが、実際にはモンゴルが東洋からもたらしたアイディアだったのです。東洋なくしては、ヨーロッパ文明も急速には発展していなかったはずです。

フビライ・ハーンはユダヤ商人を重用した

領土の拡大により必然的に多民族国家となったモンゴル帝国を支えたのは、当時としてはよく整備された行政機構でした。例えば、義経＝チンギス・ハーンは一二一八年に滅ぼした西遼の再建に当たり、ペルシア語とウイグル語による住民台帳の作成、住民調査、徴税、兵や労働者の徴集のための役所を一二二〇年に設置させています。

これは遊牧民族の発想とは思えず、チンギス・ハーンの正体が義経であることの一つの傍証と言えるはずです。義経＝チンギス・ハーンは律令制に基づく国家作りをモンゴルで目指したと考えられます。

このように、モンゴル帝国は征服した領域を武力で従えただけでなく、秩序による平和と安定による統治を実現させたのです。

また、被征服民の行政参加も統治の安定につながったものと思われます。特に、ウイグル族やキタン族の中から高級官僚に採用される人が現れます。のちにユダヤ人、イラン人や中国人、シリア人などもそこに加わりました。

フビライ・ハーンの時代にはムスリム（イスラム教徒）商人が重用され、交易ばかりでなく徴税を行う官吏としても起用されています。こうした人種にこだわらない実力主義は、多民族国家となったモンゴル帝国をより豊かにしていきました。

ユダヤ人がモンゴル帝国の形成に参加していたことは、ネストリウス派キリスト教を伝えたのが彼らであったと推測されることからもわかります。日本でも六世紀にネストリウス派の蘇我氏がやってきたことがありましたが、彼らはキリスト教にコンベルソ（改宗）させられたユダヤ人が多かったのです。もちろん商人も多く、その中にマルコ・ポーロのようにイタリア人と考えられる商人もいました。

一二五四年の世界宗教者会議

一二五四年には史上初の世界宗教者会議が、モンゴルの首都カラコルムで第四代皇帝モンケの主宰により開かれます。

その趣旨は、皇帝が各宗教の主張に耳を傾け、最も正しい教えはどれかを判断するというものでした。ヨーロッパからのキリスト教徒のほか、イスラム教徒、中国の宗教者らが通訳付きで招待されました。

討論において皇帝は中立の立場に立ち、口論をしたり、相手を侮辱したり、討論の妨害を行った者は死刑に処されるというルールでした。大変厳しいルールですが、会議としてはこれ以上に民主的なやり方はありません。

討論は神や善悪の定義にも及びましたが、キリスト教側の記録しか残っていないため正確なところは不明です。

しかし、宗教が異なる相手とは対立するか、力でねじ伏せて強制的に改宗させるような時代に、公平な議論の場が提供されたことは驚くべきことです。まさに、パクス・モンゴリカを象徴する機会だったと言えます。

このように平等に話をさせるというのは、仏教や神道など日本の宗教のあり方にも通じている皇帝でなくては採れない態度だと感じられます。

日本では、秦氏ユダヤ人は一神教を捨て、より寛容な日本の神道を受け入れ、同化ユダヤ人となりました。その秦氏の血筋に連なる源義経らしい、宗教に対する寛容路線を、モンゴル皇帝となった子や孫たちも引き継いだものでしょう。そうとしか考えられません。

マルコ・ポーロはユダヤ人だった？

十三世紀後半にアジアを旅して『東方見聞録』を著したヴェネチア人、マルコ・ポーロは、ローマ教皇グレゴリウス十世からフビライ・ハーンに宛てた手紙を預かり、元朝の夏の都・上都（現在の中国内モンゴル自治区）を訪問しました。到着後はフビライ・ハーンに気に入られて元の役人として登用されることになったといいます。

私はその経緯から、マルコ・ポーロはユダヤ人であったろうと考えています。イタリア人であったらおそらく元の役人として登用されなかったろうと考えられるからです。

マルコ・ポーロが商人としてだけでなく、外交官としての才能を発揮できたのは、やはりグローバリストであるユダヤ人であったからでしょう。

その後、マルコ・ポーロは元の領内や東南アジア各地を訪問した後、慰留するフビライ・ハーンからようやく帰国の許可をもらい、ヴェネチアへの帰途につきます。

ヴェネチア（ベニス）はユダヤ人の多いところです。シェイクスピアの『ベニスの商人』のシャイロックはまさに典型的なユダヤ人と言える人物です。

マルコ・ポーロがヴェネチアへ帰る際、駅伝制における通行証となる牌符（パイザ）を二枚、フビライ・ハーンより与えられています。さらに、途中に立ち寄ったモンゴル帝国内の自立政権・イルハン国（フレグ・ウルス）のガイハトゥ・ハーンからも、円形の牌符など四枚を与えられています。

牌符はマルコ・ポーロの旅の安全を守り、合わせて二十四年間に及んだ旅が終わりました。しかし、今度はヴェネチアとジェノワ共和国の戦争でジェノワ側に捕まり、捕虜となって監獄に入れられました。その監獄でライターに会い、そこで語ったのが『東方見聞録』ということになっています。

なお、マルコ・ポーロはアジアで何度か西欧人に出会っているように、すでに多くの商人がヨーロッパとアジアの間を行き来していたものと思われます。マルコ・ポーロが出会ったという西欧人は、その多くがユダヤ人商人だったでしょう。それは、パクス・モンゴリカとして実現された平和と繁栄を感じさせる光景だったと言っていいでしょう。

先にも触れたように、マルコ・ポーロは大陸での伝聞を参考にして、日本を黄金の国・ジパングとしてヨーロッパへ紹介しています。

チパング（訳註「日本」の中国音ジーペン・グオの訛り）は東の方、大陸から千五百マイルの公海中にある島である。しかも、まことに大きな島である。住民は色白で、慇懃《いんぎん》、優雅な偶像教徒である。ここは独立国で、彼ら自身の君主をいただいて、どこの国の君主からも掣肘《せいちゅう》を受けていない。

莫大な量の黄金があるが、この島では非常に豊かに産するのである。それに大陸からは、商人さえもこの島へこないので、黄金を国外に持ち出す者もいない。いま話したように、大量の黄金のあるのもそのためである。

また、この島にある君主の宮殿の、その偉観について話をしよう。この君主は、すべて純金で覆われた、非常に大きな宮殿を持っている。われわれが家や教会の屋根を鉛板でふくように、この国では宮殿の屋根を全部純金でふいている。その価値は、とても数量で計り得ない。さらに、たくさんある部屋は、これまた床を指二本の厚みのある純金で敷きつめている。このほか広間や窓も、同じようにことごとく金で飾りたてられている。実際、この宮殿の計り知れぬ豪華さは、いかに説明しても想像の域を脱したものである。

真珠も、美しいバラ色の、しかも円くて大きな真珠がたくさんとれる。これは、白い真珠と同じように高価なものである。実際はもっと値打がある。この島では、人が死ぬと土葬にする場合もあれば、火葬にする場合もある。土葬にするときは、死んだ人の口の中に真珠を一つ入れる。これはこの島の風習である。真珠のほかにも、いろいろな宝石を豊富に産出する。その富を語りつくせぬほど、まことに豊かな島である。

（マルコ・ポーロ著『東方見聞録』青木和夫・訳、校倉書房より）

正確性に欠けていたり大きく誇張されていたりする部分もありますが、当時の日本の豊かさや人々の清廉さ、道徳性を、大陸の人々がどう捉えていたのかがうかがえます。

マルコ・ポーロのこの報告は、東方からやってきた絹織物や陶磁器の美しさに魅了されたヨーロッパの人々に、黄金の国・ジパングへの憧憬《しょうけい》を募らせました。

しかし一方で、この『東方見聞録』から読み取れるのは、日本の存在が実はモンゴル帝国でもよく知られていなかったという事実です。マルコ・ポーロは「大陸から千五百マイルの公海中にある島である」と書いていますが、これは二四〇〇キロほどの距離です。

「魏志倭人伝」も、同じぐらい遠い中国に住む人が書いたということを忘れてはいけません。ですから、「魏志倭人伝」は歴史書ではなく、作者である陳寿が書いたフィクションだと考えた方がいいでしょう。

『東方見聞録』を読むと、モンゴル人が元寇のことも知らないらしいということがわかります。日本が黄金に満ちた島国であると書いていることから、平泉の金色堂を知っている人物が、誇張して語った話をもとにしているように思えます。つまり、『東方見聞録』は、義経一行の子孫の誰かが語った話がもとになっているのかもしれません。

ヨーロッパ人を驚かせた絹織物と陶磁器

モンゴル帝国の駅伝制などを利用して遠く中国から運ばれてくる文物は、ヨーロッパで驚きをもって珍重され、産業や芸術に多大なる影響を及ぼします。

駅伝制の便利さについては、イタリアのフィレンツェで最も有力な商社、バルディ商会のペゴロッティによって一三三〇年頃に書かれた『商業指南』にも記されています。それによると、黒海沿岸のタナから元の大都（北京）まで七~八ヶ月で行くことができ、道中はまったく安全だということです。

この頃には、過去のヨーロッパ侵攻により恐怖の対象となっていたモンゴル帝国は、一転して尊敬される対象となっていました。

特に高い評価を得たのが高品質な絹織物や青白磁《せいはくじ》の陶磁器です。それらの分野においてヨーロッパの技術はずっと遅れていたのです。

ボーン・チャイナのカップ

例えば、絹織物については、十八世紀になってようやくヨーロッパ製の品質が追いついています。

また、イギリスでは十八世紀に、牛の骨灰《こつばい》を混ぜて中国の磁器を真似た「ボーン・チャイナ」が考案されます。これにより、ようやく交易品に頼ることなく、純白の磁器を得られるようになりました。

東方から届けられるそうした文物への評価は大変高く、十三世紀の百科事典『世界の鏡』には、「世界でキタイ

（中国）の職人以上に優れた人々はいない。彼らの国は、穀物、酒、金、絹および生活必需品などがこの上なく豊富である」と書かれているほどです。

また、ダンテの叙事詩『神曲』には、モンゴル人を意味する「タルタル」という語が登場します。この語は「地獄から来た者」という意味でも使われましたが、ダンテは優れた布を表現するときに使用しています。

さらに、ボッカチオが『神曲』の注釈を書いた『神曲注解』には、「われわれはタルタルの布地に、明らかに最上のお手本を見ることができる。それはまったく技巧を凝らして織られており、誰も同様なものをタルタル人ほど美しく画筆で描ける画家はいない」と記されています。

ルネサンス美術を彩るパスパ文字

近年では、イタリアのルネサンス美術隆盛の発端として、モンゴル帝国の進出と中国からの絹織物の流布を挙げる考え方も見られます。一三〇〇年前後に活躍した大画家ジョット（一二六六〜一三三七）もまた、そうした時代の潮流から影響を受けた一人でした。

北イタリア・パドヴァのスクロヴェーニ礼拝堂には、ジョットが描いた連作壁画「キリスト伝」

左がジョット「キリストの復活」（部分、パドヴァのスクロヴェーニ礼拝堂壁画）。その右下部分を拡大したものを右に載せた。

上がジョット「キリストの復活」（部分）、下がパスパ文字

このページの画像は『光は東方より』（田中英道著）より引用した。

ジョット「キリストの復活」(部分)。矢印にパスパ文字を確認できる。

があり、そのうちの第四面「マギの礼拝」には、パスパ文字らしき文様の描かれたマントを確認できます。

パスパ文字とは第五代皇帝フビライ・ハーンが国号を「大元」に改めた後、モンゴル語の表記文字として制定した、チベット文字をもとにした文字のことです。

パスパ文字はフビライ・ハーンがチベットの学僧パスパに命じて作らせたもので、一二六九年に公用文字となって以降、碑銘、通貨、通行証、公用文書、皇帝教書などに使われるようになりました。当然、交易などを介してイタリアにも伝わっていたはずです。

ジョットは連作壁画「キリスト伝」の、「キリスト降誕」「嬰児虐殺」「洗礼」「ラザロの復活」「ユダの接吻」「磔刑」「キリストの復活」においても、登場人物の服の縁取り模様としてパスパ文字らしきものを描きました。

私はこれを一九九〇年頃に発見して発表しました。東北大学の専門家にも見てもらったところ、「これは非常にパスパ文字に似ている」というお墨付きを得ました。

ジョットの絵にパスパ文字が登場するのは、ルネサンスの始まりにおいて東洋からの影響を受けていたということの、何よりの証左と言えるでしょう。

また、ジョットはキリストやマリアなどの服にパスパ文字を描き込む一方で、キリスト誕生より前の話を描いた壁画にはこれを登場させていません。ここから、彼がモンゴル帝国の文字を、神聖で神秘的なものとして捉えていたことをうかがわせます。

私のこの発見にはイタリアの学者たちも大変衝撃を受け、イタリアの高名な歴史家であるカルロ・ギンズブルグ氏も、私の発見について「否定できない事実」とコメントしています。

また、ローマ大学のマリオ・ブッサーリ教授は、私の指摘を引用してジョットとモンゴルとの関係が示されていると述べています。

モンゴル帝国は「善政」の象徴だった

一九二一年、ヴェネチア市の一〇〇キロほど西方にあるヴェローナ市を治めていた名門スカラ家のカングランデの棺《ひつぎ》が開けられました。

その調査で明らかになったのは、棺を包んでいた絹布がモンゴル帝国内の自立政権イルハン国（フレグ・ウルス、現在のイラン）のものであること。また、ほかの絹布は元か宋のものだということでした。

カングランデは一二九一年生まれ、一三二九年没。短い人生でしたが、その中でパクス・モンゴリカがもたらす東方の文物に強い感銘を受けたようです。

さらに私が興味深いと思うのは、カングランデ（本名カン・フランチェスコ）という名前です。これはモンゴル帝国の首長「ハーン（カン）」に由来するものではないでしょうか。

ヴェローナ市のカスタルヴェッキオ城にあるカングランデの騎馬像は、そのスタイルが中国の騎馬像から来ているという説もあるほど、ヨーロッパの騎馬像とはまるで異なっています。アジア人のような平らな顔で微笑する描き方もまたヨーロッパ的ではありません。

ほかにも十四世紀イタリアの祭壇画や壁画の多くに、東洋的な布地や東洋人風の吊り上がった目の人物が描かれています。

例えば、シモーネ・マルティーニの「受胎告知」における天使の服の草模様が、ローマ教皇ボニファチウス九世の持っていた中国の絹織物の模様に似ていることが指摘されています。

私は同じくマルティーニの「トゥールーズの聖ルイ」において、王冠を包む布にも同じ柄を発見しました。聖ルイの持つ杖には中国的なドラゴンのモチーフも見られます。

そもそも、マルティーニの描く気品のある女性像はいずれもアジア風の顔つきをしています。

「美人は東方にあり」という考え方だったのでしょう。

また、アンブロジオ・ロレンツェッティの「タナでの殉教」には、明らかにモンゴル人と思われる人物が描かれています。そこにはターバン姿のイスラム教徒も描き込まれています。

タナとはインドの都市名ですが、この絵の背景にはイスラム世界の一角を担うイランが、当時イルハン国としてモンゴル帝国の一部になっていたことも反映されているのでしょう。

さらに、ロレンツェッティ作の「都市と田園における善政の効果」で描かれた市民の服装は東洋のモチーフで彩られています。中でも、踊る女性の服に描かれた魚の模様はイルハン国の都市タブリーズから来たものと思われます。

さらに、同じくロレンツェッティの「善政の寓意」という絵においては、整然と並ぶ兵士たちの

アンブロジオ・ロレンツェッティ「タナでの殉教」（部分）に描かれたモンゴル人と思われる人物（中央）

アンブロジオ・ロレンツェッティ「善政の寓意」（部分）より。槍を持って並ぶ兵士たちの顔つきがアジア的である。

顔つきが実にアジア的です。

つまり、その当時、「善政」の象徴としてモンゴル帝国が捉えられていたということでしょう。一方で、「悪政の寓意」という絵に登場する人々は、ヨーロッパ的な顔立ちをしています。

このように、ヨーロッパの芸術家たちは東方からの文物に新しさと洗練された美を感じ取り、それがルネサンスを生んだ一つの原動力となりました。また、絹織物の交易によってフィレンツェが経済的に発展したことも、ルネサンスの勃興を強力に後押しすることになります。

これらのことから、ルネサンスを作ったのは東洋、特にモンゴル帝国であると言っていいでしょう。

フビライ・ハーンがマルコ・ポーロを重用したとする『東方見聞録』の記述のように、モンゴル帝国の影響力はイタリアにまで及んでいることを示唆しています。

最先端だった東方世界の学問

モンゴル帝国が一二六〇年に自立政権イルハン国を確立させ、イスラム世界の一部を版図に入れたことに対するヨーロッパの反応はおおむね好意的なものでした。

好意的に捉えた理由を説明する前にまず、ヨーロッパとイスラム世界、そしてモンゴル帝国とイスラム世界の関係について触れておきましょう。

ヨーロッパでは十一世紀末から十三世紀末にかけて十字軍の遠征が行われたことで、イスラム世界の文物が流入するようになります。

その際、ヨーロッパでは忘れられてしまっていたギリシャ哲学も、イスラム世界から持ち込まれました。著名な神学者トマス・アクィナスもそうした経路でアリストテレス哲学を学び、キリスト教神学との融合を図っています。

当時、イスラム世界は哲学だけでなく天文学や数学の学者も多く擁しており、モンゴル帝国はそこに着目しました。例えば、第四代皇帝モンケ・ハーンは、暦の制定のためイラン出身の天文学者ジャマールッディーンに天文台を建設させています。

さらに、モンケ・ハーンは、イルハン国を確立した三弟フレグに、高名な天文学者ナスィールッディーンの保護と招聘《しょうへい》を依頼しています。ただし、第四代皇帝モンケ・ハーンの死亡により実際には招聘は行われませんでした。フレグの命令によりナスィールッディーンはマラーゲ（現在のイラン東アゼルバイジャン州）の天文台の監督を務めることになりました。

なお、『集史』によると、古代エジプトで活躍したギリシャ系数学者ユークリッドの『原論』の問題のいくつかを、モンケ・ハーンは自ら解いたそうです。非常に博学な皇帝であったと言っていいでしょう。

第四代皇帝モンケ・ハーンが招聘したジャマールッディーンはその後、第五代皇帝フビライ・ハーンのもとで天文台「回回司天台」を建設します。マラーゲの天文台とも観測データを共有し、それをもとに「授時暦《じゅじれき》」が編纂されました。授時暦とは一二八〇年、元の郭守敬《かくしゅけい》が作製した太陰太陽暦のことです。

なお、フビライ・ハーンはムスリム（イスラム教徒）の商人を重用したばかりでなく、ムスリムのアフマド・ファナーカティーを長にして「国用使司」（後に「尚書省」と改名）という経済・財務を扱う中央機関を設立します。これはイスラム国家をモデルにした施策だと考えられています。

イスラム世界の王朝を滅ぼしたモンゴル軍

イスラム世界の優れた学問を導入しようとした点では、ヨーロッパもモンゴル帝国も同じでしたが、どちらもイスラム世界への激しい侵攻を行っています。

ヨーロッパの十字軍遠征はカトリック諸国による聖地エルサレムの奪還を主目的としており、その原動力には宗教的憎悪がありました。ヨーロッパから見れば仏教徒なども異教徒ですが、同じ宗教的ルーツを持ち聖地エルサレムを支配していたイスラム教徒の方を憎しみの対象と見なしたのです。どこにでも「近親憎悪」があるものです。

繰り返し行われた十字軍遠征により、カトリック側のエルサレム支配期間は合計で約百年に及びました。しかし、最終的にはエルサレムの支配をあきらめており、主目的は達せられなかったことになります。

一方、モンゴル軍は版図を拡大していく中で、イスラム世界に侵攻します。まず、一二三一年にホラズム・シャー朝（現在のイラン）を滅ぼします。

さらに、セルジューク朝の地方政権として最後まで残っていたアナトリア（トルコのアジア部分）のルーム・セルジューク朝を一二四三年に支配下に置きます。なお、ルーム・セルジューク朝は最後のスルタン（首長）が一三〇八年に亡くなったことで完全に滅亡しています。

また、モンゴル軍は一二五八年にはバグダード（現在のイラクの首都）を攻略します。そして国家としてのアッバース朝を滅亡させせました。

このように、結果的に失敗に終わった十字軍遠征に対し、モンゴル軍の侵攻は勝利という結果をもたらしていることがわかります。

ヨーロッパはモンゴル軍に侵攻された過去を持ちます。しかし、それ以上にイスラム世界を蹂躙したモンゴル軍に対する快哉《かいさい》の声の方が大きかったのではないでしょうか。

なお、ヨーロッパに侵攻したモンゴル軍部隊を率いていたチンギス・ハーンの孫バトゥは、ヴォルガ川下流に自立政権キプチャク・ハーン国（ジョチ・ウルス）を確立しています。

モンゴル帝国の最盛期にはクリミア半島、中央アジアのカザフ草原、バルハシ湖、アルタイ山脈に至るステップ地帯を支配しますが、その後、求心力を失って分裂していくと、多民族も合流して「コサック」という軍事共同体を形成します。

ヨーロッパ人が恐れたモンゴル軍の暴力性はこのコサックに受け継がれたと言っていいでしょう。

「プレスター・ジョン」の伝説

自分たちにとっても敵であったイスラム世界を征服したモンゴル帝国へ向けられるヨーロッパ人の肯定的な思いには、東方への憧憬も重なっていたはずです。

交易を通じて東方から届けられる絹織物や陶磁器などにより、そうした憧憬が生まれたという話はすでにしましたが、それ以前からユダヤ教やキリスト教には東方を尊ぶ思想が根付いていました。

例えば、エデンの園は東方にあるとされ、ユダヤ教の神殿や幕屋《まくや》（移動式の神殿）の入り口は東方を向いていました。離散したユダヤ人たちの多くが東方を目指したのもそのためです。

プレスター・ジョン

一方、キリスト教でも、カトリックの教会では内陣が東方へ向いています。その方角から昇る太陽の光を神の光と見なしたのです。

そうした東方への憧憬が、十二〜十三世紀頃に広まった「プレスター・ジョン」の伝説を生みました。これは、キリスト教ネストリウス派の司祭（プレスター）が東方に王国を建国し、イスラム教徒に勝利を収めたという内容で、その国王を「プレスター・ジョン」と呼んだものです。

伝説の背景には、「プレスター・ジョン」の率いる軍が東方からやってきて、十字軍とイスラム世界との戦いに加勢してくれるという期待感があります。そして、チンギス・ハーンは、まさにそれに当てはまる存在であったため、「プレスター・ジョン」であるとする伝説が広まりました。

チンギス・ハーンは一二一九年にホラズム・シャー朝への侵攻を開始します。すると、まもなくして、「キリスト教徒であるタルタルの王・ダヴィドが、中央アジアとペルシアのイスラム教徒に勝利し、シリアやエジプトにいるキリスト教徒を救援する」という噂が広まります。

さらに、そのダヴィド王が治める中央アジアのキリスト教国こそが、「プレスター・ジョン」の国であるとも囁かれました。

例えば、ホラズム・シャー朝へのモンゴル軍の侵攻と同年、シリアの都市アッコのキリスト教司教は、「ダヴィドがイスラム教徒と戦うキリスト教徒の援軍として現れる」と説いています。

また、マルコ・ポーロは『東方見聞録』の中で、「プレスター・ジョン」は遊牧民の首長「ユヌ・カン」であると書いています。これは、一時チンギス・ハーンと同盟し、後に裏切って逃走中に死んだケレイト部族の首長オン・カンのことです。オン・カンは義経＝テムジンと共同して戦っていました。

ケレイト部族はネストリウス派キリスト教を信仰していたので、マルコ・ポーロはそこから、「プレスター・ジョン」の正体がオン・カンであると推測したものと思われます。しかし、オン・カンよりも、その姿に近かったのは源義経＝チンギス・ハーンではなかったでしょうか。

ローマ教皇との親書のやりとり

秦氏は、ユダヤ人のネストリウス派キリスト教徒による国「弓月国」から日本に渡来しました。その末裔の源義経がチンギス・ハーンであるとすれば、これは「プレスター・ジョン」の伝説とかなり重なってきます。

とはいえ、キリスト教徒にとって都合よく作られた伝説であるのは確かで、実際にはチンギス・ハーンは「ジョン」でも「ダヴィド」でもありません。また、イスラム世界への侵攻も別にキリスト教徒を助けるためだったわけではありません。

それでも、モンゴル軍のヨーロッパ侵攻も帳消しになるほどの期待感を向けられていたことは間違いのないところです。

その期待感の理由は、東方への憧憬もさることながら、統率のとれたモンゴル軍の姿や、よく整備された駅伝制によって中国から届けられる絹織物や陶磁器を通して、モンゴル帝国に対する尊敬の念が培われていたことによる影響もあったでしょう。

ヨーロッパからのこうした東方、モンゴル帝国、中国への関心は、外交使節の派遣にもつながりました。

ローマ教皇インノケンティウス四世は、プラノ・カルピニという修道士を一二四五年にモンゴルへ派遣します。プラノ・カルピニは首都カラコルムで第三代皇帝グユク・ハーンの即位式に列席しています。

修道士プラノ・カルピニは教皇の親書を手渡して和睦に向けた交渉をしました。しかし、グユク・ハンはあくまでヨーロッパ諸国の降伏と帰順を求め、教皇宛ての国書を託しています。

その後、修道士ウィリアム・ルブルックも一二五三年にコンスタンティノープルを発ち、カラコルムで第四代皇帝モンケ・ハーンに謁見します。先に紹介した史上初の世界宗教者会議にも出席しています。

こうした外交交渉は、第五代皇帝フビライ・ハーンの治世になると、さらに活発化しました。ネストリウス派キリスト教徒の母を持つフビライ・ハーンは、ヨーロッパにとって再び「プレスター・ジョン」を想起させた人物であったかもしれません。

フビライ・ハーンは三度にわたり使節をヨーロッパに送り、二回目となる一二八九年には、使節がローマ教皇ニコラウス四世に謁見します。カトリックの宣教師の派遣を求めるフビライ・ハーンに応じて、教皇は修道士モンテ・コルヴィノを元（中国）へ派遣します。

このように、モンゴル帝国とヨーロッパの直接の接触は、最初「ワールシュタットの戦い」など激しい衝突で始まり、親書のやりとりでは厳しい言葉の応酬もあったものの、総じて友好的な関係が築かれたと言えます。

諸文明の憧憬が日本へ向かう

ヨーロッパから東方へ向けられた恋慕《れんぼ》にも近い憧憬は、マルコ・ポーロの『東方見聞録』によって、黄金の国・ジパング＝日本へも向けられるようになりました。日本は中国やモンゴルが憧れた国なのですから、仮にマルコ・ポーロが誇張混じりに「黄金の国」として紹介しなかったとしても、いずれはヨーロッパから日本への関心は高まったと考えられます。

かつて、東方を尊び東へ東へと移動してきた離散ユダヤ人たちが、大陸の東端から日本海を渡って日本に渡来したように、ヨーロッパをはじめとする諸文明の期待が日本に向かうのは必然だったということでしょう。

ユーラシア大陸の東西をつなぐモンゴル帝国を作ったのが源義経であり、ジパングのモデルが義経と縁の深い奥州平泉であったとすれば、「ヨーロッパは義経によって日本を見出した」とも言えます。

ジパングへの憧憬に突き動かされたコロンブスは、西回りでアジアを目指そうとして十五世紀末に新大陸（アメリカ大陸）を発見します。しかし、コロンブスの新大陸発見はすでに始まりつつあった大航海時代とも相まって、ヨーロッパによる植民地主義を推し進めることになりました。東方へ向けるまなざしが憧憬から略奪へと切り替わったのです。

そうした中、スペインやポルトガルは日本にキリスト教の布教という形で宣教師を送り込み、植民地化を模索しました。

しかし、何世紀にもわたって維持されてきた天皇制による統治、高い道徳性を持つ国民、練度の高い武家、海外からの技術をより洗練させる職人などを見たスペインやポルトガルは、日本を植民地化するのを早々にあきらめたようです。自分たちが上に立てる相手ではないと悟ったのでしょう。

一神教と自然道

私は「世界四大文明」の存在を認めていません。メソポタミア文明、エジプト文明、インダス文明、中国文明はすでに古く、滅びた文明ばかりです。

私は長く続く文明として「世界三大文明」を挙げています。実をいうと、モンゴルや中国は、日本を核とする「東洋文明」に属します。東洋文明以外の二つは「ギリシャ・ヨーロッパ文明」と「ユダヤ・キリスト教文明」と言えるでしょう。

まず、古代のギリシャから発したギリシャ・ヨーロッパ文明は、人間の肉体を重視する美術表現と哲学の文明です。ユダヤから発するユダヤ・キリスト教文明は、一神教に基づく言葉の文明です。ユダヤ・キリスト教文明が、ギリシャ・ヨーロッパ文明を侵し続けているのです。

日本は、自然そのものを大切にする東洋文明の発生の地と言えます。縄文の長い歴史の中で、日本人の精神性はしっかりと培われ、自然信仰、つまり、木や石をご神体と見なす神道が発展してきました。

私はこうした神道を「自然道」と呼んでいます。これはモンゴルの文化・信仰とも共通しています。

文明の土台は道徳性であり、世界三大文明のそれぞれが道徳観を基本に持っています。道徳がなければ、人間というものは精神性を保てないし、繁栄しないものです。

例えばギリシャは、紀元前五~六世紀に優れた文化を生み出し、その政治体制や哲学は世界の模範となりました。そうなったのは、ギリシャ文化が、プラトンやアリストテレスを生んだ道徳観を基礎としていたからです。

一方、ユダヤ教やキリスト教では、強固な信仰で結ばれた人々が、自分たちの宗教文化を生み出していきました。同じ信仰で結ばれた人々はどんなに離散しても、神を語る言葉が同じであれば、そこに同じ道徳観を見出して絆が確認され、新たな地で再び文化を築ける。ユダヤ教徒やキリスト教徒たちはそう信じています。

ところが、ギリシャ・ヨーロッパ文明やユダヤ・キリスト教文明の道徳観は、やがて分裂し、腐敗していきます。権力を握った者から腐敗していくのです。権力の維持には当然、経済力が伴うからです。

一方、日本文明は自然の摂理を大切にする道徳観であるため、腐敗はほとんどありません。利益が先立つものではないからです。

しかし現在では日本人でも他国の影響を受けて、その道徳観を失っている者が多いです。それでも道徳観を失っている者たちも、わざわざ日本人の持つ道徳観を侵す勇気はないでしょう。

ギリシャ・ヨーロッパ文明やユダヤ・キリスト教文明では権威者や聖職者から腐敗していきますが、日本では自然が一番上にあるため、道徳を無視するわけにいかないのです。

私は源義経がモンゴルに行って権力奪取のための激しい戦争をすることなしに権力を得られたのも、そうした道徳性から生まれるカリスマ性が伝播したからではないか、と考えています。日本では、天皇がそのまま自然道を体現する存在であるため、腐敗とは基本的に無縁です。

日本の天皇も、かつては権力争いに巻き込まれたこともありました。しかし、日本の歴史上、ずっと「善政」の象徴であり続けたと考えられます。皇統が一二六代も続いていること自体が、「善政」だったことの何よりの証左と言えるでしょう。

統制がとれた規律正しい軍隊だった

大航海時代と植民地主義は欧米の覇権を決定づけました。そして、ここまで説明してきたように、そのきっかけとなったのはモンゴル帝国の覇権だったのです。

つまり、後世の人が「パクス・モンゴリカ」と呼んだ、モンゴルの支配による平和が、ユーラシア大陸の東西をつなぎ、当初は交易で満足していたヨーロッパ人を次第に略奪や収奪へと向かわせたのです。アジアから平和を実現した結果、それが巡り巡ってアジアをはじめとする地域への侵略を招いてしまったことは歴史の皮肉と言うしかありません。

そのモンゴル帝国については、残虐性がクローズアップされることが多くありましたが、本書の内容で、決してそうではなかったと理解してもらえたと思います。

むしろ、モンゴル軍はよく統制がとれた規律正しい軍隊でした。予想外のことが起きて軍の統制がとれなくなったときなど一部のケースを除き、当時の慣行と照らし合わせても、特段に残虐というわけではなかったのです。

広大な領土を獲得できたのもそのためです。単に蛮行を繰り返しただけでは、あそこまで広範囲に進出できるはずがありません。

先にも触れましたが、征服した地で徴兵した兵士たちの多くはチンギス・ハーンへの忠誠を自ら誓いました。そのため士気の高い兵士が雪だるま式に増えていき、広範囲の進軍が可能となったのです。

このことだけでも、義経＝チンギス・ハーンが名君であることがわかります。

エピローグ

本文で述べたようにモンゴルで活躍した源義経は、日本人の道徳観や秩序をユーラシア大陸に輸出した人物だと考えられます。

義経の野望は、自らテムジン＝天神と名乗ったことから始まりました。天神は天の神であり、天皇であるとともに、天神は菅原道真という学問の神様の知力を表します。道真といえば、あらぬ罪を着せられて追放された悲劇の人でもありました。

義経はそこに自らも追放された運命を重ねて、天神と名乗りました。菅原道真は一方で土師《はじ》氏の一族です。日本にある巨大な古墳を作った一族です。土師氏といえば、もちろん秦氏系です。

秦氏の血筋を継ぐ義経は、大陸へ渡って、その道理を説く成吉思汗《チンギスハーン》となりました。そしてモンゴルや中国の人々に対し、さらにはイスラム世界やロシア、ヨーロッパの人々に対しても、日本の道徳観をもたらそうとしました。無論ヨーロッパ人にとってはモンゴル人は敵ですから、野蛮人として誹謗中傷しましたが、少なくともイタリア人にとっては「善政」をもたらす人々だったのです。

義経は清和天皇の血筋を引く源氏の一員です。その道徳性は源氏一族のものです。

兄・源頼朝を最初に頼ったのも、ともにその血筋だったからでした。成吉思汗《チンギスハーン》の紋章は笹りんどうであり、それは清和源氏の家紋でした。

そのチンギス・ハーンは、世界最大の面積を誇ったモンゴル帝国の礎を創建した偉大な皇帝であり、東洋史においても、西洋史においても重要な人物となりました。チンギス・ハーンは東と西をつないだことで、初めて「世界史」を作った人物としても評価されています。

そんなチンギス・ハーンの正体が、実は日本を追われて大陸に渡った日本人の武士であったとしたら、世界史を変えるほどの一大事件です。これほどワクワクする話はないでしょう。

義経がチンギス・ハーンになったのなら、私も歴史家として、こんなうれしいことはありません。この説はこれからも検証し続けていく所存です。

本書ではフォルモロジーを駆使して、基本線を作り、歴史的根拠を挙げて、「義経＝成吉思汗《チンギスハーン》」説を語ってきました。本書をきっかけとして、これまでの無味乾燥な権力闘争史観をやめて、「新しい歴史（New History）」史観に転じましょう。

改めて、本書で紹介・引用させていただいた、多くの研究を行った先学に感謝いたします。

著者プロフィール

田中 英道（たなか ひでみち）

1942年東京生まれ。東京大学文学部仏文科、美術史学科卒。ストラスブール大学に留学しドクトラ（博士号）取得。文学博士。東北大学名誉教授。フランス、イタリア美術史研究の第一人者として活躍する一方、日本美術の世界的価値に着目し、精力的な研究を展開している。また日本独自の文化・歴史の重要性を提唱し、日本国史学会の代表を務める。
著書に『日本美術全史』（講談社）、『日本の歴史 本当は何がすごいのか』『日本の文化 本当は何がすごいのか』『世界史の中の日本 本当は何がすごいのか』『世界文化遺産から読み解く世界史』『日本の宗教 本当は何がすごいのか』『日本史５つの法則』『日本の戦争 何が真実なのか』『聖徳太子 本当は何がすごいのか』『日本国史 上・下』『日本が世界で輝く時代』『ユダヤ人埴輪があった！』『左翼グローバリズムとの対決』『新日本古代史』『決定版 神武天皇の真実』『聖徳太子は暗殺された ユダヤ系蘇我氏の挫折』（以上、扶桑社）、『日本国史の源流』『京都はユダヤ人秦氏がつくった』『日本と中国 外交史の真実』（以上、育鵬社）、『日本神話と同化ユダヤ人』『「国譲り神話」の真実』『荒ぶる神、スサノオ』（以上、勉誠出版）、『虚構の戦後レジーム』（啓文社書房）、『日本にやって来たユダヤ人の古代史』（文芸社）などがある。

やはり義経はチンギス・ハーンだった フォルモロジーからの再検証

2023年９月25日 初版第１刷発行

著 者 田中 英道
発行者 瓜谷 綱延
発行所 株式会社文芸社
〒160-0022 東京都新宿区新宿１－10－１
電話 03-5369-3060（代表）
03-5369-2299（販売）

印刷所 株式会社暁印刷

ISBN978-4-286-24482-2